Thinking Outside The Box

跳出传统思维

二十一世纪
我们轻松
做幼教

幼儿常规建立的道与法

[美] 蔡伟忠 主编

中国农业出版社

图书在版编目（CIP）数据

幼儿常规建立的道与法／（美）蔡伟忠主编．—北京：中国农业出版社，2012.3（2025.2 重印）
ISBN 978-7-109-16510-6

Ⅰ.①幼…　Ⅱ.①蔡…　Ⅲ.①幼儿教育－研究　Ⅳ.①G61

中国版本图书馆 CIP 数据核字（2012）第 005354 号

中国农业出版社出版
（北京市朝阳区农展馆北路 2 号）
（邮政编码 100125）
责任编辑　张　志　黎春花

北京通州皇家印刷厂印刷　新华书店北京发行所发行
2012 年 3 月第 1 版　2025 年 2 月北京第 7 次印刷

开本：787mm×1092mm 1/16　印张：10
字数：170 千字
定价：30.00 元
（凡本版图书出现印刷、装订错误，请向出版社发行部调换）

幼儿常规建立的道与法

主 编　蔡伟忠

作 者（以姓名笔画为序）

匡　欣　宋仁静　戚晓琼

前　言

如果你问一位家长或者老师，教育孩子最困难的是什么？我估计大部分都会回答"让孩子听话"，这好像已经成为大部分家长和老师的主要任务。当然这是完全能够理解的，孩子不遵守规则就容易出安全事故，更谈不上教育。

但是遵守规则不等于"让孩子听话"，遵守规则的背后包含了多重意义：促进孩子高质量的社会性发展——了解规则的存在是为了让集体能够更好，集体好，个体才能够真的好；了解民主的精神——只要集体同意，就算个人不同意也得全力支持；建立正面的自我形象——通过为集体作贡献建立个人正确的人生观、价值观和正面的自我形象等。可以说，常规教育是从自然人发展到社会人的关键，只有大人明白这些道理才能够引领孩子进入高层次的发展。我在本书会详细解说遵守规则背后的深层含义。

明白道理后接着需要大量案例，为了提高这本书的操作性、可借鉴性，我邀请了三名资深的幼儿园一线教师编著案例，她们都是跟着我学习了十多年的学生，也是非常优秀的有经验的老师。正好宋仁静老师带小班，匡欣老师带中班，戚晓琼老师带大班，所以她们分别负责编写相应年龄段的案例（除了小班的是共同编写）。另外宋老师还负责第二章和第七章的内容。她们为读者提供的大量可操作的案例让这本书增色不少，在此感谢她们！

希望这本书能够带给父母和老师新的观念，在享受教育孩子的过程中和孩子共同成长！

目　录

第四章　无意识反抗期孩子只要有集体归属感，就会在引导性环境中内化规则 /49

然后是学习为无意识反抗期孩子建立常规的方法。

第五章　有意识反抗期孩子只要有集体荣誉感，就会在自主环境中掌握规则建立的方法 /77

最后是学习为有意识反抗期的孩子建立常规的方法。

第六章　幼儿园老师建立常规要注意的事项 /107

面对大班额孩子，老师的工作可不容易。事前抓好这些重点，应该会有一定的帮助。

第七章　父母在家里可以这样做 /131

不管老师怎样努力教育孩子，对孩子产生最大影响的还是父母。所以，父母也要好好学习这些方法。

第 一 章

明白建立常规的"道"，
成就孩子心灵健康发展

遵守常规不只是服从和听话，应该说它是社会发展的主要表征。只有理解建立常规背后的意义，才可以避免在建立孩子常规的时候走错路。

很多人说"常规嘛，让孩子乖乖听话就可以了"，他们并没有思考过"听话"对孩子的意义，假如只是盲目地服从，那和奴隶有什么区别？所以我们在建立孩子的常规之前，首先要知道遵守常规的意义，明白让孩子遵守规则的背后意味着什么。

遵守规矩等同听话、服从命令的传统观念已经过时，我们要知道，规矩的产生是自然人朝着社会人发展的过程中产生的必需品。人类的社会发展是从不文明的、每个人只为自己而活的个体到集体社会形成的过程，也是个体逐步意识到"让集体更好才是真的好"的发展过程。更宏观地说，是体现个人选择"集体"身份的一个思考过程（俗语说"选择好你的队"），也是体现高度文明"地球村"、"国际公民"等先进理念的基础。

我国在常规教育方面的发展相对落后，虽然近年已经有一定的提高，但相比其他先进国家，我国国民的社会意识、集体意识还是偏低，至于什么原因我们就不去追究了，我们要做的是展望未来，探讨怎样才能让下一代的社会意识能跟得上世界最优秀的国家，让我们的孩子长大后不会"想怎么样就怎么样"，也不是只是"乖乖地服从规则"。

我们希望我们的孩子能够理解常规背后的意义，希望他们不管去到什么地方都能够"既有独立思考能力，又有自我约束能力"，懂得选择适合自己的集体，参与制定并遵守该集体的规则，然后通过在集体中对世界作出贡献而建立内心中正面的自我形象。如果能够做到这样，以后不管他们在世界上什么样的环境中都能得到别人的尊重，享受自我内心的祥和。

一、不管成人社会还是孩子世界的游戏，规则的形成都是一样的

什么是规则？广义地说，规则是天地万物为了更好地生存而形成的生活规律，这些规律包括了人类的"日出而作，日落而归"，动物的周期大迁徙等。这些规律的形成应该是顺应自然，也就是自然生成的。规律不仅仅是人和自然之间需要，随着人类社会化的高度发展，人与人之间的规律更显得重要，但不管是人与自然之间的规则还是人与人之间的规律，都应该是顺应自然而生，我们经常可以看到孩子在游

戏过程中会很自然地形成规则。

我认为，人与人之间的规则是自然人成长为社会人的自然生成物。什么是社会人？社会分工，每个人都有自己的工作岗位，大家一起建设这个社会，这就是社会人。人与人形成集体，通过建立各种规则，分工合作，各自发挥所长，让集体产生比个人更大的生产值，例如书桌上几毛钱的铅笔必须集体分工才能够生产出来，因为个人没有能力用几毛钱的成本生产出一支铅笔。规则的价值就是让集体能够更舒适、更安全地生活。文明人需要遵守社会制定的规则，牺牲个人的一些利益维持集体秩序，例如排队轮候等。

个体遵守规矩其实就是希望让集体更好，而不单单是让个人更好，因为个人可能需要牺牲自己的部分利益，从而让这个集体更好。在自然世界，我们经常看到老弱的动物会不惜牺牲生命以保存年轻的生命，让物种得以延续，这种情操可能比人类更高尚。对人类来说，能够理解并接受"集体好会让个人真的好"，"如果只是为了个人的利益破坏集体，可能后果会更糟"就已经很不错了。比如说日本大地震，日本人的规矩很好，没有人趁火打劫，整个社会在地震以后也相对比较稳定。假如地震这种事发生在不文明的地方，你想想情况会怎么样？"我去抢，只要我有得吃，才不管别人怎么样"，当那些人没得吃的时候，就会用暴力去抢夺，结果可能会发生暴乱，对个人的后果会更坏。所以，遵守规则背后的意义之一是个体明白自己是集体的一部分，愿意为集体而付出，明白让集体更好个人才会更好，而不只是贪图个人眼前的小利。

规则是必需的，几个孩子在玩游戏，另外的孩子想加入就必须遵守游戏规则。中国要参加世界贸易组织就必须遵守该组织的规则。不管是孩子的世界还是成人社会，遵守规则是让集体的活动得以进行的基础。但是集体规则也是可以改写的。几个孩子在玩游戏，另外一群孩子强行要加入，让这几个孩子按照新的游戏规则进行游戏，否则就揍他们。这种用强势改写游戏规则在孩子（甚至青少年）的世界里经常发生，这也反映了成人社会的真实情况，例如美国要侵略伊拉克，虽然联合国否决了，但美国还是不管联合国的裁决侵略伊拉克，改写了伊拉克整个国家的规则。当然用武力改写规则的也有正面的例子，例如中华人民共和国的建立就是用血泪改写了五千年封建社会的规则。

除了用武力改写规则，也有用谈判、商量等方式的。在幼儿园就经常可以看到孩子们通过协商调整游戏规则，成人的商业社会运作也最能体现这种通过协商重新制定规则。建立和改变规则首先需要有集体，集体是由个体建立的，个体对集体的身份认同感的强弱决定了集体的凝聚力大小，也决定了个体遵守规则的意欲的强弱。

只有当个体对集体有强烈的认同感时才会爱护集体的利益，才愿意牺牲部分个人利益来换取以后更大的利益。

我们可以看到常规好的国家，国民的荣誉感、归属感也是很强的。日本人和德国人的常规意识很强，他们以自身的国民身份为荣，国家的政策措施也让他们产生强烈的归属感，例如日本不把最好的产品出口国外，把好东西留给国民享用等措施就可以看到他们集体和个体利益的捆绑。90年代，我在德国幼儿园看到一系列很好的学具，于是找到厂家想代理到国内，结果被厂家一口回绝，说德国人的智慧只为德国人自己作贡献，再多的钱都不卖。日本、德国两个国家的人口加起来也没有多少，但二战时候他们敢攻打全世界，就是因为这两个国家的人都以作为其国民为荣，愿意为集体牺牲。

这种集体的荣誉感也部分反映在生产质量上。我有一个朋友是德国人，是做家具的。他把整个德国工厂的机械一一搬到国内，整个工厂跟德国那边的一模一样，连一颗螺丝都是德国的，只是工人不是德国人，结果做出来的产品就是差一点。为什么呢？虽然每个工序的偏差只有那么一分，但是几百个工序下来就会相差很多，德国工人认为自己是工厂的一员，以这个工厂的产品为荣，自己一定要保证这个工厂出来的东西是最好的，所以每一步都力争做到最好，而对中国工人来说最重要的可能是发工资，赶紧做完赶快下班。日本、德国之所以强大就是因为每个人都以国家为荣、以单位为荣，所以这两个国家的产品都是严谨的、高质量的。由以上例子可以看出，建立个体对集体的认同感是建立常规很重要的一步，这种认同感会带来集体和个体共同的利益。

我认为产生认同感的过程主要是安全感、归属感和荣誉感建立的过程。进入一个新集体，首先需要的是安全感，人的恐惧源自"对未来无知"、"不知道会发生什么事情"，所以安全感的基础是"可预知性"，这就需要有熟悉感和规律感，因为这两种感觉是预知感的基础。有了安全感就需要归属感，归属感的条件是参与感，参与感包括决策权和贡献感。最后是荣誉感，荣誉感包括了集体和个体的成就感。

这些身份的认同感都需要建立在个体和集体的共同目标上（孩子之间的共同游戏），也可以说是个体利益和集体利益要捆绑在一起。这些规律在孩子的游戏过程中和成人社会都是一样的，所以"没有在童年游戏中经历过的，最终也要在成人社会经历，但代价可不一样"！

二、良好的常规发展是建立正面自我形象的基础，成就心理健康的基石

　　我认为可以用四种水平区别个体的社会性发展水平。第一种是只顾个人眼前利益、无视社会集体规则的人。这种人漠视规则的原因可能是无知或者是自我中心。我们经常可以看到刚从农村到城市的农民在高速公路上横穿马路，这就是无知。但现在也可以看到一些孩子在公共场所到处奔跑影响别人，而父母也不管教，他们误以为那是自由和童真的表现，但这种误解与放纵只会培养出自我中心感极强的孩子，而这些孩子将来很容易变成漠视社会规则的人。

　　第二种是因为惧怕受罚而遵守规则的人。如果父母和老师对孩子遵守规则的行为过分表扬或者责备，那么孩子就会只是为了得到表扬或者避免责备而遵守规则。到孩子一步步成长，能够充分自主、不再需要奖励和表扬时候，孩子可能就不会再重视规则。而且，孩子一旦习惯了活在别人的价值观之下，没有独立思考经验，面对新环境、新规则时就不一定能够理解和适应。

　　第三种是我所谓的"伪社会人"，这种人既要得到集体的好处，又不愿意遵守集体的规则。他们有些是抱着侥幸的心理，有些就是操控集体规则、玩弄权术，例如操控金融市场规则的人、垄断商业市场的奸商等。表面上这种人最有优势，但是这些人内心的自我形象是低下的，他们不敢正面面对自我，心理存在缺陷。他们的孩子没有榜样学习正确的价值观念，更无法建立家族的荣誉感。

　　第四种人明白集体好个体才能真的好，所以第四种人既是遵守集体规则的人，又是积极参与制定更合理规则的人；

　　要体现教育的目标之一——从自然人发展成为社会人，我们的任务就是让孩子长大后去到全世界任何一个环境，都能够适应该环境的素质要求，并且是以能够为集体产生贡献作为人生努力的方向，同时在这个努力的过程中建立正面的自我形象。当然，这些都应该建立在独立思考判断的基础之上，而不是盲目服从。

　　常规教育背后有一种更深层的意义，即帮助孩子有效建立正面的自我形象。在我的教育观念中非常强调每一个孩子的自我形象，很多大人都希望孩子快乐，但我更喜欢孩子欣喜，我觉得快乐的源头是外来的，而欣喜是发自内心的。欣喜源于正面的自我形象，正面就是敢于面对真实的自己——这是我的强项，那是我的弱项，我不需要掩饰，不需要讲大话，不需要吹牛，我敢于以真实的一面面对所有人。

自我形象建立的前提是这个孩子必须很清楚自己的强项和弱项，他知道自己是什么样的人，也敢于以真实的一面去面对这个世界。这是基础，有了这个以后孩子就能够很坦然地去适应一个一个新环境，而不需要撑开保护伞。你身边可能也有这样的朋友，他们靠吹牛、弄虚作假来撑起保护伞，保护自己相对自卑、没有自信的心理状态。正面自我形象很重要，个体能够坦然面对，不用自卑，也不用自大，这种自我形象是心理健康的基础。

在这过程中还有一个重要元素，就是选择适合自己的群体。社会由无数的群体组成，有追求财富的群体，有追求权力的群体，也有追求知识的群体等。俗语说，人以群分，没有找对适合自己的群体是很痛苦的事情，每一个群体都有不同的价值标准，要是不喜欢财富的人跌进以财富为价值标准的群体就会很自卑、很难受。当然，不管你的身份、地位如何，我们都有一个同样的身份，我们都是地球人。大自然每一个物种的自然责任就是让物种得以延续，人类从自然人迈向社会人时，往往为了小集体的利益，忘记了作为人类的自然目标——延续物种。于是无限度开发，破坏自然生态，贻害人类的延续。文明应该如何衡量？我认为衡量标准就是个体选择的集体的高度，而最高的文明应该是选择以"地球人"作为集体身份，愿意为地球的利益做出个体的牺牲。

所以常规教育不只是要求孩子乖乖听话，而是让孩子成长为现代人、文明人。幼儿教育是建立孩子良好素质的主要阶段之一，其中很重要的一点就是为孩子建立正确的常规意识，让孩子理解常规背后的意义，建立个人正确的价值观。

老师不但要引领孩子做到第四种人，同时要给予孩子自主选择群体的意识和能力，让孩子初步了解建立常规不但是从自然人成长为社会人的过程，同时也是建立个体正面的自我形象的过程。

了解常规背后的意义后，老师要根据孩子的心理发展特点施教，假如你直接对小孩子说"你要记住，守规则是文明人的一部分"，孩子是不会理解的。孩子心理发展的每个阶段都不一样，教育方法要符合每个年龄段的孩子的心理特点。我把幼儿常规发展简单分为三个阶段，第一个阶段是懵懂期，小班第一个学期的孩子懵懵懂懂，一般两岁多到三岁多。懵懵懂懂是指孩子没有判断能力，不会思考深层次的问题，完全是凭感觉、凭生理直接感受作出行为反应。懵懂期的孩子只要你给他充分的安全感和关爱，他就会按照环境暗示建立常规；第二个阶段是无意识的反叛期，大概是小班下学期到中班上学期，这个阶段的孩子为了表现自己的意欲，往往为了反对而反对；第三阶段是选择性反叛期，大概是中班下学期之后，这个阶段的孩子

是根据内容来选择听不听话，对自己有利的就听，不利的就不听。

三、懵懂期的孩子需要的是安全感和环境的一致性、清晰性和重复性

懵懂期的孩子首先需要有安全感。什么是安全感？安全感建立在预知的基础之上。成人往往有两个误区，第一个误区是以为多陪伴就会有安全感，于是有些妈妈辞掉工作做全职妈妈，每天跟孩子一起玩，天天看着他。但这样一来孩子不一定有安全感，他有的反而可能是被监视感。孩子需要的预知感之一是熟悉感，不是说妈妈花很多时间盯着他，他就有安全感，你想想，如果你的另一半天天盯着你，"怎么样啊，吃饱了没有"、"休息好不好"、"睡得好不好"……这样可能你不但没有安全感，反而会感觉到很大的压力，就像有人盯着你一样。熟悉感是对环境熟悉，包括人和物，所以这个阶段不宜经常搬家或者更换照顾孩子的人。

给予孩子安全感、关爱感是有技巧的，对于孩子来说，怎么做才会有安全感呢？首先，他需要见到你的时候能够见到你。要注意，他见到你跟你见到他这两件事是不一样的，他见到你他就放心，但他不一定想被你盯着。要记住，是孩子有安全感，不是让成人有安全感，当他感觉到需要你的时候就能找到你，当他不需要你的时候，就别在他面前走来走去。很多成人经常犯的错就是孩子不需要的时候他不走，当孩子需要的时候他又不出现。

常见的第二个误区是沟通方法不正确，运用过多的语言沟通，较少用肢体接触。当孩子还小时，成人的面部表情要丰富，笑容要亲和，眼神要像会讲话一样，手要经常轻轻地抚摸孩子，这些都是让低幼孩子产生安全感的方法。和孩子交流时，成人讲话的语气应该让孩子感觉到节奏很轻快、很舒服，成人缓慢的肢体语言能够让孩子觉得很安全。当孩子开始能讲话的时候，成人尽量不要用支配性语言，例如不要说"把你的腿放下来"，可以说"我知道腿放上去很舒服，妈妈也想这样做，不过妈妈是淑女，淑女不会这样做"。用同理心的语言取代支配性语言能够让成人尽快跟孩子建立感情，因为孩子能感觉到"大人理解我的感受"。这种感情传递不一定要用语言，成人可以在适当的时候拍拍孩子的身体或者抱一下，孩子就能感受到成人的关爱。这种关爱能够进一步增强孩子的安全感。

建立安全感后，环境的暗示也很重要。什么叫环境暗示？就是不直接命令孩子，而是利用环境产生行为暗示。例如，孩子小的时候，吃饭时都是孩子先吃，然

后大人再吃。到两岁了，能够自己吃饭了，大人可以在饭桌上隆重地为孩子摆一只碗、一把勺子，告诉他"两岁了，可以坐到桌子上一起吃饭了"，然后就不用管他了。他看到每个人都拿着碗自己吃，正常孩子都会模仿大人，拿起饭碗自己吃，当然最重要的是别管他。只要孩子在这个环境建立了充分的安全感，他就会接受环境的暗示，在暗示中建立常规。如果你说"两岁了，该自己吃饭了"，这样一说，孩子可能就不吃了，因为你破坏了游戏规则，不是环境暗示，而是直接命令，这时候就不是自己吃饭还是喂饭的问题，而变成了"我听你的还是你听我的"的斗争。

我有一次在幼儿园看到一个插班生，他前面桌子上放着几块积木，但他的手夹在大腿中间就是不动，坐着发呆。其他孩子都在玩，就他呆呆地坐着，也没有人去关心他的感受。于是我过去拿了几块积木，在他面前摆弄，一开始他没有注意，后来就用眼神参与，我用肢体引领他的眼睛，然后我就抓到他的注意力了，他开始摆弄积木模仿我玩。这时候我就离开，把空间留给孩子。很多成人这时候可能会跟孩子说"你应该怎么样、应该怎么样"，但我选择离开，几分钟之后回来再看，这个孩子已经很专注地在玩了。

这个例子就告诉我们，关心不是表面的语言功夫，而要用心去关爱。我看到孩子在那边发呆，就过去关心他。知道他对这个地方没有安全感，首先就要让他有安全感，如果我一个陌生人突然过去跟他打招呼，反而会让他更不安，但这是绝大部分老师可能会做的，我敢说一百个老师，至少九十五个老师看到这个孩子都会说"宝贝，叫什么名字啊，来玩这个"，这样反而让孩子更恐惧。怎么样能够让孩子有安全感地自然参与很关键，我知道这个孩子需要引领，让他敢于去玩，于是我在他面前支持他，玩给他看，我并没有跟他说"我叫什么名字"，甚至一句话都没有讲。孩子首先是用眼睛参与，然后我离开，这是最重要的一步。如果我不离开，孩子就会有压力，我走开了，留下空间给他，让他继续玩，孩子自然跟随环境暗示进行活动。

正常情况下，在四岁之前，大部分孩子的常规都能建立起来，但如果周边的环境暗示不充分，或者爱和安全感不够，孩子就会故意跟成人对着干，或者故意捣蛋，这其实是为了追求更多的心理安全感。心理安全感有两个极端，一是太多爱，太多大人主导的关爱就变成了一种压力，孩子会想逃避，让大人别再管他。另外一种是大人过多支配孩子，这样孩子就容易反抗，跟大人对着干。 我的观念是给孩子的关爱要适度，这样才能够建立孩子不偏不倚的心理素质。建立良好的心理素质后，就需要为孩子周围环境设计明确的常规暗示。

环境必须有一致性，因为只有通过长时间环境要求的一致，才能够塑造孩子遵

守常规的行为习惯。所以环境暗示的要求是：清晰性、一致性和重复性。每天都一样，孩子很快就能建立习惯，同时这种规律性也会进一步增加孩子的安全感。

四、无意识反抗期的孩子需要的是归属感和自主权——强势成人养出弱势孩子，反之亦然

孩子大概是三岁半到四岁左右会进入到第二个阶段，即无意识反抗期。这个阶段的孩子以自我为中心，"我说了算，不听你的，你要我朝东，我就往西"，孩子是为了反抗而反抗，绝对跟大人对着干。在这个阶段成人一定要让孩子平稳过渡，不能老打压他，要让孩子感觉他是主导。这时候的孩子正在探究"自我"，我们应帮助孩子树立自己是一个有用的独立个体的信念。

成人应尽量让孩子觉得自己是一个对集体有贡献的人。简单到妈妈洗完衣服孩子帮忙拿过来也是一种贡献。成人表扬孩子的技巧很重要，不要只是说"你很棒"，而可以说"谢谢你，你能够帮妈妈的忙，能够为这个家里作贡献"，孩子就会以家为荣。要想让孩子遵守家里的规矩，希望孩子在家里听话，首先就要让孩子喜欢这个家，以作为这个家的一分子为荣，以爸妈为荣。孩子对家里有贡献，是家里有用的人，这种感觉越强烈，他就越会遵守家里的规则。在幼儿园也一样，老师希望孩子听话，首先就需要让孩子觉得自己在班里是有用的人。这有点像学武功一样，得先把内功练好。

老师要经常反思，孩子在这个班里有没有归属感？他有没有以这个班为荣？如果有了归属感，以后的常规培养就很容易做。怎样考验孩子的归属感呢？如果老师说"今天这台表演就是我们班的展示，我们做得好，整个班都有面子，如果做得不好，我们班就没面子了"。而你的孩子说"无所谓，好不好都不关我的事"，那么他们的归属感就不强烈。归属感还可以通过群体的关怀来提高，例如通过点名，知道某一名孩子生病没有来，老师引导班里孩子打电话慰问生病的孩子，生病的孩子感受到班里其他孩子的关心，归属感自然会提高。

在这个阶段，老师、家长容易犯的错是急功近利，过于看重眼前的成果，而不考虑长远的意义和价值。我记得一次活动，活动有一个环节是孩子把即时贴撕下来贴在胸口，因为没有缺口，这些即时贴很难撕开，这时有好几个家长想帮孩子撕。事实上没必要，孩子绝对能撕开，只要他专注，多给他一点时间就可以了。可是大

人往往急着让孩子立即撕开贴上去，而不愿意多花两分钟让孩子慢慢撕，但这中间的区别可大了。区别就是孩子多了一次自己解决问题的经验，还是多了一次让别人帮他做的经验；孩子多了一次训练小手的机会，还是损失了一次锻炼的机会；孩子多了一次"我可以"的机会，还是多了一次"我不行"的机会。

在这个阶段，有一个方法可以参考，就是成人假装弱势。这个阶段孩子的心理是追求自主，所以很想指挥别人。成人与其和孩子较劲还不如假装弱者，让孩子指导。当然中间有诀窍，就是采用封闭式问题来引导孩子，同时不断提醒孩子"这样会不会影响别人"，这样就能够建立孩子思考的标准，避免孩子胡乱出主意。

我一个朋友的儿子读三年级的时候作业很多，朋友的老婆就排好时间表，每天盯着儿子做作业，结果每天都做到十点、十一点。有一次朋友回家时看到老婆正发火要揍孩子，原因是孩子做作业拖拉、不认真。

我朋友经常听我讲课，也理解教育孩子的道理。于是就对老婆说，"老婆，你搞不定啊，搞不定我来，你休息"，然后和孩子到书房聊天。他对孩子说，"宝贝，你都已经这个年龄了，爸爸觉得你应该可以自主了"，孩子的反应是立即跳起来，"可以，我可以自主"，朋友说，"我相信你绝对可以自己做学习计划，不用妈妈监督"，孩子高兴得不得了，眼泪都差点掉出来了，原来他爸爸这么理解他。

朋友接着说，"这样吧，我给你一个礼拜时间做学习计划。爸爸做学习计划做了五六次，看你能不能两三次搞定"。这句话很重要，第一次可能做不好，一定要多给孩子机会，千万不要让孩子有一次成功的错觉，否则第一次不成功就会备受打击。在幼儿园也一样，同样的事情可以让孩子多尝试几次，这样才能够通过不断进步来建立孩子正面的自我形象。如果每一件事情都只做一次就没有自我比较，没有自我比较就没有依据体现个人的进步。

朋友的儿子星期一开始做学习计划，因为第一次做，很想表现，结果没做好，但我朋友没有帮助他，他希望儿子学会做人生的计划，所以让孩子自己调整，结果调整三次以后就掌握到秘诀。三个月后我朋友回到家都看到孩子在看电视、看书，于是问他"为什么不做作业"，孩子说"早就在学校做完了"，原来孩子找到了见缝插针的方法，有一点时间就做，而且在学校不会做可以问老师。通过这个过程，既解决了问题，孩子又提高了自我的正面形象，同时因为爸爸的信任和支持，增加了对家庭的归属感。

外国大学跟中国大学有一个很大的区别是什么？外国大学的钱是毕业的校友捐献的，而我们中国的大学，清华有一点，北大有一点，其他的我还真没怎么听说过。为什么？因为很少有人以这个学校为荣。我在美国上大学的时候，学校经常派代表

去校外比赛，去拿奖，为什么大学要做这些事？就是为了让学生从中产生归属感、荣誉感，然后他们学习就有动力，觉得作为这个大学的一分子，不能丢脸，不能站出来不像样。

外国经常采用各种竞争来促进归属感，这是很好的方法，只是必须掌握竞争的精神，不能沦落为恶性竞争。竞争要建立在和谐的心态上，否则适得其反。例如，爸爸每天都跟妈妈吵架，妈妈天天骂他"你就会吃喝拉撒，其他啥都不会"，作为他的儿子，感觉会怎么样？他会觉得很不舒服，没有归属感，所以集体的和谐很重要，但和谐气氛不等同于没有不一样的声音和意见。

幼儿园一样，教育工作的效果和孩子对这个班的喜爱程度是成正比的。孩子对这个班有多大的归属感、荣誉感，和孩子本人在这个班里有多大的参与度又成正比。我认为与其花时间教训孩子该怎样做，不如花 70% 的时间培养孩子的归属感和参与感，剩下 30% 的时间教孩子技巧，让孩子自己做。这样做最大的好处是，在这个过程中通过自身的进步促进孩子建立正面的自我形象，同时又增加归属感，会产生螺旋上升的效果。

五、有意识反抗期的孩子需要的是对集体的荣誉感和参与权

接下来的阶段是有意识反抗期，年龄在四岁半到五岁左右，孩子"成精"了。"成精"就是在集体里，孩子认为对他有好处的就听，对他没有好处的就反对，可以说是选择性反抗，这个时候就要开始和孩子讲道理，教给孩子集体规则背后的意义，同时让孩子充分参与制定规则。

第一步就是必须让孩子以作为班里或家里的一分子而感到光荣。例如，在家里要让孩子知道爸爸是对社会有贡献的，而他作为爸爸的儿子应该感到光荣，这个光荣不是有大别墅住，也不是有大车开，而是爸爸实实在在地在为社会作贡献。而妈妈也是有贡献的，正是她在家里照顾了爸爸，爸爸才能更好地为社会作贡献。

接下来，要让孩子感觉到自己能够为家里付出，比如画一幅画挂出来，让家里更漂亮，吃完饭后能帮着捡饭粒，这些都能够让孩子觉得自己是有用的人，就能建立对家的归属感、荣誉感。他觉得这个家以他为荣，这个以他为荣并不是跟有钱人比身家，也不是跟谁比有高的社会地位，而是"我是家里的一分子，我们都能为社会作出贡献"。这样既带给孩子正确的价值观，这个价值观又会带给他家庭的荣誉

感。幼儿园老师教育孩子就跟家长教育孩子一样，首先要思考孩子在这个班里有没有荣誉感。

建立荣誉感后就要让孩子参与制定规则，到孩子五岁左右时，之前那些方法就不够用了。孩子觉得其他人定的规矩不能接受，这时候就必须让孩子参与制定规矩。例如，三个人看电视，只有一台电视，妈妈要看电视剧，爸爸要看新闻，儿子要看动漫，怎么办？大家就要定一个规则，定规则肯定就需要每一个个体做出一些牺牲。这种规则建立的过程不但能让孩子从内心接受，而且这种规则意识可以使孩子建立正确的民主意识。民主意识在幼儿期可能不是很重要，但到了青春期、反叛期的时候就会显得非常重要。想像一下，如果像60年代的父母那样对待现在的孩子，孩子会怎么样？肯定很多会离家出走，因为那时候大部分父母是高度控制的：我说了算，几点必须回家，不然打断你的腿，几岁不能交女朋友，打电话为什么说这么久，谁打电话给你了等。

这个阶段的孩子就要让他们参与制定规则，一起投票，一起建立规则，共同遵守。这时候还要加入一个观念："只要集体通过，自己就算不同意也得全力支持"，这是为孩子建立民主意识的关键一步。

家长和老师也要提高自身的知识面。因为对于五岁多的孩子，要让他们学会明是非、会思考，就需要跟他们大量地讲道理，分析各种社会现象。这个世界很复杂，到底什么是对、什么是错呢？比如美国打阿富汗是对还是错？美国人肯定说对，阿富汗肯定说错。因为立场不一样。所以是非对错先要有一个客观条件，客观条件统一才能讲对错。大人自己要记住，标准是集体，对集体有利的就是对，伤害到集体的就是错。

这样做的最终目的是希望孩子在独立思考的过程中建立常规，有时候看到别的幼儿园小班，老师说"请坐好"，孩子立即全坐好，大部分幼儿园都是孩子刚进小班，首先要学会听"夺魂铃"，这个铃铛一摇，小孩就全坐好、全排好队，铃一摇，孩子就安静了，就像训练小狗条件反射一样。实际上，这样培养出来的孩子是没有独立思考的服从，孩子只是规则的奴隶而已。我认为让孩子从混乱中慢慢培养常规，这样孩子才能学会思考。

有老师问我是不是不能够对孩子态度太严厉？也有家长和我聊天讲到老师的风格问题，老师是温柔好，还是严厉好，抑或很严厉好？我认为这是没有标准的，比如在一所孩子都是富二代的幼儿园，大部分孩子是以自我为中心的，我认为孩子需要严厉的老师。要知道，爱心和教育态度是不矛盾的，爱心是永远都需要的，但态度是温柔还是严厉就要看孩子的需要，因为孩子往往会根据大人的态度来判断信息

的严重性。如果孩子想冲出马路，大人肯定是用严厉的语气喝止孩子。当然，态度严厉不等同于标签孩子，尤其是负面标签。大人可以严厉地说"你必须把脚放下来，听到没有"，也可以说"请你把脚放下来"，但不能说"你真不文明"，你可以严厉地跟孩子说"请你坐好，你坐不好的话会影响全班的"，你可以要求他，你可以态度表情严厉一点，但你绝不能跟他讲"你真不讲文明，就是你这种人搞坏一个班"，这种话是负面标签了孩子，会伤害孩子一生。

很多父母搞不明白度在哪里，往往把一些事弄混了。大人对孩子严厉地提要求并不表示负面标签孩子，而很温柔地跟孩子说话也可能会无意识地标签了孩子，比如"你真漂亮啊，你是漂亮的公主，这个世界上没有比你更漂亮的"，这是好还是坏？当然是不好了，因为大人在以温柔的话标签孩子，误导孩子的价值观。

六、大班额或特殊行为孩子常规教育的"道"

我相信如果班里只有十个孩子，很多常规问题都不会发生。如果班里只有十个孩子，老师的压力减少，就能够经常带着美好的情绪面对孩子，而且孩子空间多了，摩擦几率也减少了。可惜短期里这是不会实现的，所以老师要研究"大班额"建立常规的策略和方法。大班额的策略是化整为零，不管是空间还是时间的安排，尽量化整为零。

老师首先要拉一张清单下来，把每个孩子分析一遍：哪一些孩子家里过多关注，哪一些孩子是家里给的关注不够，哪一些孩子是完全没人关注的。然后就要和家长做好沟通。根据我在不同幼儿园的观察，我发现最不听话的孩子就是班里没人关注或者负面标签的而最听话的是老师关爱的孩子。就像我上学时候班里学生分成几派，一派是老师最关爱的学生，他们也是带头最守规矩的人，另外一派是专门捣蛋的学生，这些孩子专门跟老师对着干，这种现象在幼儿园也是一样存在的。老师能够让班里面三十个孩子都愿意作为集体的一部分，规矩就没有太大问题。如果老师能够做到像自己上学的时候最喜欢的那个老师那样对待所有孩子，孩子自然就会听话，遵守集体规则。

同时老师要坚信正能量的威力。我有一个学生，班里来了一个很棘手的孩子，不听话，调皮得不得了，我这个学生每天中午睡觉都陪在他身边，天天唱歌、讲故事给他听。这个孩子生活在单亲家庭，父母离婚后跟着妈妈，妈妈把他交给外婆后又到处忙工作，所以这个孩子很难管理。我这个学生花了两个月时间，每天牺牲自己的午睡时间陪着他，最后把这个孩子收服了。

我管理的班经常有特殊行为的孩子。比如有一个孩子有攻击行为，经常没有原因地攻击其他孩子。我让他的父母在家里多给他拥抱，我们老师也经常告诉孩子老师和孩子都很爱他。这孩子很快就改正了。因为当孩子知道有人关爱他，知道有人为他付出时，他也愿意为这个集体服务。

老师最难做的当然是因材施教，比如这个孩子本身是缺少关爱的，老师就要很温柔地跟他说话，如果这个孩子调皮得厉害，老师就应稍微严厉一些。其实孩子知道要守规矩，他只是在挑战成人的底线或者是为了表现他个人而破坏整体。我很相信一句话，正常的孩子绝对不会偏差太厉害。

我认为老师不可能从根本上改变行为有问题的孩子，因为这不是老师能解决的，需要从家庭入手。我看过一个原来很正常的孩子因为家里多了一个妹妹而产生嫉妒心，行为也随之产生变化。所以父母准备多生一个的时候，一定要做好衔接，你的孩子绝对不想你多生一个，所以一定要做好准备工作，让孩子喜欢弟弟妹妹。我们班里有一个孩子，他父母生第二胎的时候我们做了很多准备工作，让他觉得自己有妹妹，其他人没有，他觉得很骄傲，结果这个孩子以妹妹为荣，有了她，感觉身份都不一样了，在我们的帮助下这个孩子就过渡得很好。

第 二 章

掌握建立常规的"法"，
踏出轻松工作的第一步

理解建立常规背后的意义后，就要知道建立常规对父母或者老师在实施全面教育时的价值。

一、没有常规就没有教育

幼儿园教师每天工作八小时，需要良好常规支持的时间可以说要六小时左右，只有中午睡着了那两小时除外。良好的常规，对开展各项教育教学工作非常重要。一名新手教师入职时都会遇到这样的问题，经常喊得嗓子哑了还"管不住孩子"，"孩子不听话"，用小红花、好吃的也只能哄一会儿，时间一长就不起作用了，精心准备的教学活动被"调皮捣蛋、不配合"的孩子搅得上不下去等。有些老教师会帮着出主意："是你太好说话了，要严厉一点，不然孩子会欺负你的。"可真的是这样吗？

现实中，即便是老教师带班，从小班带到中班、大班，在常规方面仍有"很头痛"的现象，而且还有"越大越管不住"的趋势。老师们每天忙于完成既定的教学任务，"忍着"、"高控着"越来越管不住的孩子……这就是很多幼儿园的现状。幼儿园三年的教育到底是让孩子学会多少知识、练就多少能力，还是应该让孩子学会自我管理，从小养成良好习惯呢？严格地讲，常规教育的目的是促进幼儿的社会化，使他们更加健康快乐地生活。然而在现实扭曲了的常规教育中，教师往往采取"方便自己"的教育手段，以"高控制"求得表面上的井然有序。因此，常规教育常常陷入这样的怪圈：高控制形成幼儿对教师的高依赖，这种高依赖反过来影响幼儿的自主性和规则意识的形成，最终导致幼儿缺乏对自身行为的自我管理意识和能力，而这又在一定程度上加剧了教师对幼儿的控制。幼儿园的常规教育反而限制了幼儿的发展。为此，我们应该追本溯源，还常规教育以应有的作用。同时，良好的常规还是保障各项活动正常开展的前提。所以说"没有常规就没有教育"。接下来我们从了解常规培养的目的入手，理解什么是常规。

从步入幼儿园第一天开始，幼儿就进入了一种和过去完全不同的生活——社会集体生活。他们从自然式的家庭生活中走出来，开始接受群体生活规范的约束，这是他们走入社会的第一步。在集体中，不能想干什么干什么，因为会影响别人；要遵守集体的时间表和游戏规则，不能伤害或侵犯别人的权益；要与老师、同伴沟通，友好相处，很多事情要自己动手做……这些是很多三岁幼儿不愿意接受的事实。我们教师应该知道，幼儿期是个体个性形成的重要时期，帮助幼儿在这个个体社会化

的初级阶段逐步认识、理解和掌握常规，养成良好的常规习惯，是十分必要的，因为它能够帮助幼儿适应幼儿园环境和集体生活，使班级形成良好的学习生活秩序，更是人一生健康发展的基础和保障。所以，幼儿园教育就应从培养良好常规开始。

（一）常规培养的目的是培养"听话"的孩子吗

如果我们把常规教育的目的理解为要幼儿"听话"，那么这种常规教育实质上是在教幼儿迎合与伪装，学会迂回和讨价还价。这种理念和行为是以牺牲幼儿的主动性为代价的，幼儿只是盲目地遵从教师的要求，为了避免受罚或想要得到老师的赞赏而被动地遵守规则，并在教师视力不可及的范围照样"我行我素"。家长在教育孩子时经常用到这样一句话："去幼儿园要听老师的话"。很多教师也会这样说："××真听话"，或"××不听老师话，不乖"，被表扬的孩子因为得到老师的"赞扬"而很开心，虽然并不知道自己哪方面的行为或表现是值得鼓励的。孩子们经常为了得到老师的表扬去做事，而不是发自内心的真实需要，更加不知道为什么要这样做。

我们通过一个简单的真实案例来具体理解一下。小班上学期，班里吃水果时间到了，今天是吃西瓜。缘缘很喜欢吃西瓜，想多拿几块，被老师制止了："缘缘听话，每人分两块。"缘缘好像明白了，做了"听话"的孩子。当她发现阿瑞已经吃过两块又拿了一块时，马上冲过去大叫："不许多拿！""老师，他不听话！"其他小朋友开始"打抱不平"，跟着一起喊："老师，你看阿瑞，他不听话！"阿瑞也很理直气壮："我吃完了，盘里还有多的呢。"缘缘不由分说，上前把阿瑞手里的西瓜抢了下来，一场战争爆发了，而且是"听话"的孩子们挑起来的。这里的缘缘的确很"听话"，她听了老师的话，没有多加思考，把多吃一块的想法忍回去了，她没想到，每人两块之后还有多的水果的可能。"听话"幼儿的思维被老师的表扬和表面的规则限制住了。而阿瑞是"不按规则出牌"的小家伙，老师分完水果，他就发现了盘子里还有多的。我们不能责怪哪位小朋友，只能说教师在培养吃水果环节的常规时，直接给出规则的内容"每个人只能吃两块"，而没有让孩子真正理解为什么这样要求的道理，并且把"做听话的孩子"作为奖励和执行策略，这种做法并不妥当。西瓜是每班一个，自己班来切，没有香蕉（一人半条）那么好计算数量，而且不同水果又有不同的分法，如果教师思路不清，心中没数，就会给自己增添很多工作量，甚至惹来"麻烦"，给孩子带来很多冲突或不快。对于建立吃水果环节的常规，我们首先要搞清楚这个环节的常规培养目的是什么，然后再思考教育策略和步骤。

换个场景，同样是吃水果环节，值日生戴着围裙在生活区切香蕉，把切好的香蕉放进果盘，她翻好了"今日水果"牌，又开始准备小碟、叉子、夹子等吃水果的用具。其他幼儿在不同的区域中玩自选活动，大家陆陆续续到生活区吃水果，然后又回到区域中游戏。整个过程教师没有插手，只是偶尔转过头看一下。我们看到老师"很轻松"，好像"没做什么事"。最让人欣慰的是，丰丰还想多吃一份，他四周看了一圈，又看了看另一个教室里正进行小组活动的孩子后，他数出了一定数量的香蕉并盖好盖子，然后满意地拿着一份香蕉吃了起来。这是多么令人感动的一幕，丰丰在吃东西的时候，想到了还没有吃到的同伴。虽然不是每个孩子能做到这样，但他们都有可能这样做，这才是常规内化后的行为。

常规培养不是为了要孩子"听话"，而是要逐步"内化"，孩子知道为什么这样做，如果不这样做会有什么后果，这才是积极、有效的教育，而不是简单直接的"规定"。《幼儿园教育指导纲要》指出："建立良好的常规，减少不必要的管理行为，逐步培养幼儿的自律。"我们的常规不是让孩子听话，而是让孩子学会调整行为，适应集体和社会生活，逐步达到自律。教育家洛克也早就指出，驯良死板的儿童既不会吵闹，也不会使成人受到任何干扰，但是这种儿童终生终世对于自己和别人都没有用处，不可能有什么作为。我们培养的儿童终究是要走向社会的，因此，常规教育的出发点和归宿应是发展幼儿内在的自由，形成积极主动的纪律意识。真正的常规应该是一种内心的自我约束。孩子一旦建立起吃水果的常规，教师就可以从这个环节中解放出来，把更多的机会和时间留给孩子尝试。建立常规的真正意义上的效果就是解放了老师也解放了孩子，也就是双赢。

（二）是不是在小班培养好常规，到中大班就"不用太管"了

常规教育是幼儿园教育的重要组成部分，小班则是常规培养的关键期，是打基础的阶段。进入小班，也就是走进了社会，开始了集体生活，集体中的游戏规则就是从这个时候开始接触、养成。这个"头"开得好不好，当然会对接下来的学习生活起到很重要的作用，所以小班的常规培养显得格外重要。小班幼儿刚刚从家庭进入幼儿园集体，一下子要面对很多之前没有接触过的要求和挑战，会有很多的不适应，所以会较频繁地出现负面情绪和反常行为，同时家长的担心和焦虑也会给教师增加很多压力，所以教师建立和培养常规的方式方法就更要科学和谨慎。例如，小班幼儿在谈话等集体活动中有"坐不住"、"抢位置"、喜欢挨着老师身边坐等问题，这些都和教室资源紧张、幼儿年龄和行为特点、心理特点等因素有关，而且小班孩

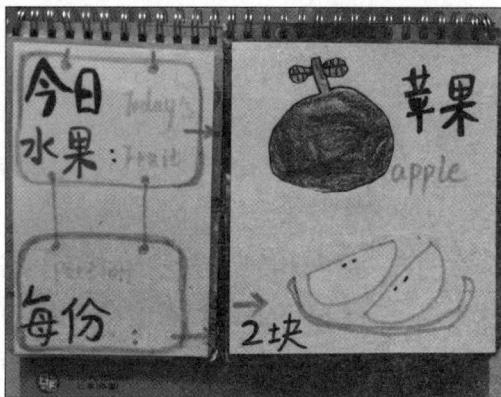

子的自控能力较弱，所以单靠教师不停地拉、叫吼，单纯的表扬甚至批评，都不会有很好的效果，相反，这样还会破坏教师的形象，拖延活动的时间，造成隐形浪费。我在班上设计并自制了一款"多功能地垫"总造价不到 200 元，但带来的好处可谓无法估量。4 米×3 米的椭圆形的地垫刚好适合教室的空间，又适合每个孩子看到教师；26 个字母和 10 个数字、小黄圈，可以宽松的、有弹性的容纳全班或小组围坐，也可做成半圆；字母和数字吸引孩子坐下来描画；"蓝黄"两色把孩子自然地分成"男女"两部分，孩子之间的打闹和干扰少了很多；色彩鲜艳、内容丰富的地垫，每次都能自然地吸引孩子们坐下来，老师只要轻轻地提醒个别的孩子就可以轻松开始活动了的。这个地垫在区域活动时间就是孩子们建构区搭建的场地，隔音又易隔区，真可谓美观又实用。一个自制地垫的设计，解决了集体活动、建构区活动常规，这里映射出教师对儿童的了解和尊重；教师应有的智慧；常规培养的策略和方法的灵活性。幼儿坐上这个地垫就开始理解了"不影响他人，能够专心听"，慢慢内化成自己较稳定的行为习惯。像类似这样的方式，在小班建立的常规，不仅是到了中大班就可以"享受成果"，更可以辅助孩子一生的发展。幼儿可以做到自主、自立，老师才真的可以"轻松、放心"了。相反，如果在小班运用不恰当的方式建立了表面看似平静的常规，比如说奖励小红花、好吃的，命令或严厉训斥，尽管能快速取得"短期效果"，但反弹的几率却很大，到了大班就会"越大越难管"，孩子还会学会两面性。

幼儿在不同的年龄阶段都有其独有的特点，随着幼儿年龄与环境的变化、知识面的扩大和经验的丰富，他们的行为与常规会出现冲突。常规是一个不断推进、反复调整的过程，在这个过程中，幼儿自我控制与调整行为的意识和能力不断增强，他们会挑战一些过去形成的一些常规，比如说上午吃水果的常规，在小班开始时，老师切，集体吃。有小帮手出现时，老师有意识地安排小帮手分派水果；到第二个月区域活动开始后，幼儿有了自主活动意识和能力，也有了时间上的自由度，进食水果就可以自由进行；根据对幼儿的观察，接下来就可以培养幼儿吃完水果后洗盘子和叉子的常规。所以，常规培养应是一个过程而不是结果，是冲突——协调——建立规则——冲突——调整——建立规则……这样一个动态的过程。

小班幼儿处在懵懂期，他们对环境很敏感，喜欢模仿，容易被儿歌、故事或歌曲内容情节所影响，所以教师通过创设有序和规范的环境，注意使用规范的语言，都可以帮助幼儿理解和学习常规。但这一时期的幼儿易情绪化、比较自我，经常会有触犯常规或反复的情况，这就需要教师在理解和爱的基础上，耐心地、一遍遍地做正面引导，给孩子创设个性的环境或空间，例如："心情小屋"、"涂鸦墙"、"发泄枕"等。另外小班的孩子有看到东西就想摸一摸、动一动的行为特点，区域中的玩具很容易让孩子们"心痒痒"，伺机就想去摆弄一下，弄得乱七八糟，致使幼儿看到老师就像老鼠见了猫。其实我们可以设置一些让孩子"走过路过，不会错过"的可以随意玩，而且易于收拾的环境，而不用处处设限，最大限度地满足孩子的需求。例如，柜子背后的"立体迷宫"、墙边的磁铁玩具、可以随意涂画的小白板等，这样既可保证教室内有序的环境，又能避免幼儿因天性触犯常规受挫，满足一下孩子的欲望，最重要的是教师可以少说很多废话，不用天天下班都要收拾狼藉的教室，或者精心布置好又等待第二天的"一片狼藉"。所以说，常规的教育不仅

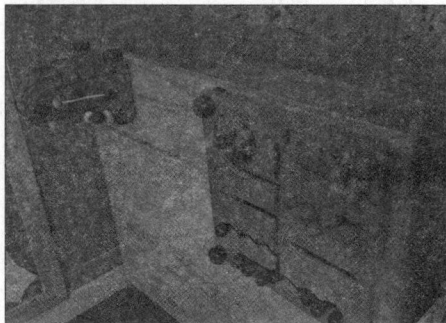
柜子后面的立体游戏板

涂鸦墙

可以解放老师，让老师有更多的时间关注孩子的学习，而且能让孩子慢慢学会对自己的行为负责，爱护自己的班级环境，而这正是进入集体教育的第一项内容。有序的常规和正面引导建立常规的策略会使懵懂期的幼儿感受到安全，只要一直坚持，一个月后就能建立基本稳定的生活常规。

中大班幼儿已经有了一定的集体生活经验，对集体中的一些行为和现象有了自己的理解和看法，有了自我约束能力和价值判断力，所以在有了一定的生活常规后，中班就开始进入归属感建立和参与建立常规的时期。例如，在小值日生的常规建立和轮值安排时，我们完全可以在孩子中间展开一次讨论。我是这么做的，首先准备

一本月历、几张大白纸和几支大笔，在谈话时设计了一些问题："我们班在什么时间需要安排值日生呢？"孩子们纷纷举手发言："挂毛巾、擦桌子、铺被子、放杯子、收拾书架、领读、洗碟子……""哪些可以我们自己做，或者怎么做可以减少值日生的工作量呢？"孩子们纷纷表达自己的看法："吃饭少掉饭粒，值日生就没那么难擦桌子和扫地板了"，"每个人吃完了都自己去洗碟子"……接下来，孩子们六人一组开始讨论，每组讨论一项值日内容：值日生要干些什么，怎么干。并画（记录）下来。最后大家看着月历安排轮值，一直安排到了放假。孩子们参与建立常规的过程，使他们逐步对值日的时间、流程和方法熟悉而认同，所以在实际操作中，很容易执行与推进。

　　（三）"常规培养"与集体教学、一日生活的关系是什么

　　幼儿常规的建立可以有很多的形式，因为幼儿的年龄特点，更需要利用多种形式来培养常规，吸引孩子坚持遵守常规，促使其逐渐形成稳定的行为习惯。有些常规通过环境暗示就可以做到，例如，椅子上的"大头照"可以帮助孩子找到自己的座位坐下来，不会有争抢或不收椅子、找不到椅子而影响情绪等问题。地上的脚印串可以解决喝水排队的问题，只需老师稍加组织，就可以避免争抢水龙头、碰撒水弄湿地板或弄湿衣服等问题。有些常规需要正面示范，如在教室内的走动、餐后擦嘴的方法，面向集体示范后，教师只需观察幼儿执行情况，对个别幼儿再次示范强化，大部分幼儿就可以养成良好的常规了。有些需要学习方法、练习技巧的常规，例如拿椅子、学习等待、洗手等常规，通过小组活动学习、赋予趣味，孩子们就能理解和愿意遵守了。例如教孩子搬椅子，我组织了一次户外体育活动："运小猪"，让孩子找到能搬动椅子的最方便、最安全的姿势，讨论"小猪"掉下来的原因，最后组织一个竞赛游戏，设置一些路障，让孩子练习搬椅子的技巧。就这样，孩子们逐渐喜欢平稳地搬椅子，每次搬椅子的时候，我们还有了暗号："小心，小猪要掉下来了"。

　　以游戏和情境为主的教学活动，是促进孩子们建立常规的积极、有效的策略。然而在实际教育教学中，很多老师还没有真正理解常规培养的重要性，也很少把常规培养有计划地列入教育教学计划中，并密切跟踪落实。通常的常规培养多是运用集体谈话、个别要求或日常督促的方式，不仅形式单一，更缺少趣味性和教育性。尤其是在小班，很多老师忙于完成"计划中的教学任务"，今天上数学、明天上语言，这其实都是在完成"老师的任务"，完全没有考虑现阶段的孩子最需要的是什么，上升到理论层次，可以说是教育观、学习观的问题。我们来看一个真实的案例：某幼儿园小二班上学期第四周周计划。

第四周活动计划表

执行时间：9.18—9.22

周重点	1. 开展"红黄蓝"主题，认识生活中的红色，了解红色在生活中的特殊用途。 2. 加强班级生活常规教育。				
时间 内容	星期一	星期二	星期三	星期四	星期五
晨间活动	双脚站立、一个跟着一个走、跑步。				
学习活动	谈话： 中秋见闻、我会自己吃饭、我家里的红色、幼儿园的红色、分享红色调查表				
学习活动	小组活动数学：长短排序（挂鞭炮） 区域活动生活区：折叠毛巾	小组活动社会：汤姆挨罚 区域活动美工区：描一描画一画	小组活动体育：小狗汪汪 区域活动益智区：统计我带来的红色物品	小组活动语言：红红的国旗 区域活动美工区：滚画、粘贴变色鸟	小组活动科学：认识红色的安全标记 区域活动建构区：彩色花
户外活动					
生活活动	1. 继续学习进餐：舀一勺饭菜，嚼后吞下，再继续。一只手扶碗。进餐不讲话，不掉饭粒。 2. 喝水时不浪费，不把剩下的水留在杯里放入杯架。				
家长工作					

入园第四周，孩子们刚刚稳定情绪，只有个别孩子哭闹、情绪不稳定，接下来就要进入常规培养阶段了。从周重点中可以看出，老师也意识到要"加强生活常规教育"，但周计划中只有在"生活活动"部分才有提及"进餐、喝水"的常规要求，"学习活动"中并没有安排任何相关的教育教学。那么，是不是周计划中所提的常规教育只需在生活环节强调几句，孩子就可以做到了？老师是否要更重视学科教学？如果说"汤姆挨罚"有可能涉及常规教育内容的话，它是否适合"进餐、喝水"常规的培养和教育呢？可见我们老师对常规的思考是远远不够的，可能把更多的备课时间和精力都用在主题和学科教学活动中了。然而在实际带班中，大家面临最多的还是常规问题。我们老师真的要经常思考：我们班的孩子现在存在什么问题，我们该做些什么，老师们是否清晰教育的本质是什么。"教育的最终目的是实现教是为了不教，即教会孩子自我反思、自我管理的生存和发展的能力。如古希腊哲学家所言，教育是一个唤起每个人全部内在潜能的终身过程。

我们再来看一个厦门幼儿园的小班下学期周计划，和前面的周计划比较一下，您有什么新发现呢？

第四周活动计划

2010 年 3 月 15 日—3 月 19 日

内容＼星期	星期一	星期二	星期三	星期四	星期五
周重点	1. 学会自己如厕，并能正确使用纸巾。 2. 初步了解蛋的营养价值，喜欢吃蛋。				
学习活动	谈话：小屁股干净了吗 集体活动： 1. 健康：小屁股干净了 2. 分享阅读：天气（一） 乐曲欣赏：童年 做做玩玩：嫩芽成长牌	谈话：我是男（女）孩 集体活动： 1. 认知：男孩、女孩 2. 歌曲：小小蛋儿把门开 动画欣赏：喜羊羊 玩沙活动：蛋宝宝捉迷藏	谈话：你知道大便的旅行吗 集体活动： 1. 语言：小屁股的朋友 2. 认知：有趣的蛋 故事欣赏：豆豆的旅行 分享阅读：天气（二）	参观：嫩芽长高了吗 区域活动：必选 数学：按图形特征分类 备选自学美工：蛋宝宝变变变 自选：操作区、娃娃家、建构区 图画欣赏：各种各样的蛋 结构游戏：小动物乐园(一)	谈话：自己擦屁股的感受 集体活动： 1. 生活：我会自己擦屁股 2. 美工：半个蛋壳 歌曲欣赏：小小蛋儿把门开 感统游戏：快乐运输
户外活动	1. 自选活动：大型器械、小猪车。 2. 集体活动：早操、拍皮球。				
生活活动	1. 能自己如厕，大便后会自己使用纸巾。 2. 进餐时候不挑食，能保持桌面干净。				
家长工作	您的孩子已经步入四岁的年龄段了，小手肌肉比去年有了很大的提高。在幼儿园里，孩子都是自己穿脱衣服、鞋袜的。瞧，孩子们在一天天地长大！ 　　孩子怎么成长为一个独立自主的人呢？"环境影响人"！这是一句众所周知的话。因此，需要我们给孩子创造一个自由、自主的环境，孩子在这样的环境里才能学会如何面对生活，如何生存。下一周，我们会通过一系列的活动，让孩子学会自己如厕，并能正确使用纸巾。 　　本周末，需要家长配合我们进行以下事情： 　　1. 知道自己身体上，大小便的位置分别在哪里。 　　2. 掌握擦屁股的技巧。（怎么拿纸张，从什么角度擦，怎样才能擦干净） 　　我们相信，有了您的参与，本周的活动将更加精彩，孩子将受益匪浅！				
备注					

　　第一个周计划中的暴露出的问题不是教师技能技巧或活动设计能力问题，而是教育观的问题，就是老师要教些什么的问题。记得有一次父亲看我经常加班，就给我出招："我看你就把孩子的礼貌教好就够了，信我的肯定没错，家长也肯定喜欢、支持。"当时我还在心里嘀咕：您哪知道呀，我们要教的东西多着呢，太小瞧我了。父亲看到我不屑的表情，认真地跟我理论了一番："现在的孩子哪里讲礼貌呀，有

的打老人，看到其他老师都不打招呼，这些可是从小要教育好的，礼貌都没有，教什么都是白扯。"虽然父亲说的是大白话，但仔细一想的确有道理。父亲虽然是个外行，却看到了行内的问题，我们在忙碌向前行的时候，把最该给孩子的东西漏掉了。常规是良好习惯的雏形，良好习惯是父母、老师首先应给孩子的。《幼儿园教育指导纲要》中的五大领域目标，都特别强调幼儿兴趣的激发和习惯的养成。常规不仅包括集体教学常规，还有一日生活各环节的常规，这些都需要老师有计划地培养。以集体教学促常规形成，在日常生活中促常规稳定。

二、看得见的显性常规

常规，从一踏进幼儿园就可以看到。例如，右侧上楼梯的标识，有用脚印的、英文字母的、小动物的等。孩子在每天上下楼梯的过程中不仅认识了这些图文，而且无需老师生硬地反复强调，用手势就可以指引孩子理解并遵守了。下图是我在班级走廊中规划的线和箭头标识，使孩子和接送的家长虽身处狭小空间，也不会感觉拥挤和不方便。这是我在香港学来的，一座写字楼里不到两平方的电梯，其出入口的标识让我不禁深有感触，很受启发，这些才是文明的行为、有效的策略。我们老师不仅要让孩子遵守常规，自己更应有良好的行为示范，言传更要身教，我也这样要求家长。地上标的线在离园接孩子这个最易忙乱的环节，帮了我们老师很大的忙，家长们在外侧区域排着队接孩子，然后到里侧区域换鞋子、取书包。

还有地毯前的脚印、区域规则图、区域材料盘和柜子上对应的标记等，有些是孩子们和老师一起讨论出来的，有些则是在问题讨论中生成的。例如区域规则，孩子们希望多进几个人，开始只提出"玩完送回家"一个规则，但孩子们很快发现问题：人太多了，玩得不开心；别人太吵了，影响自己玩。所以区域规则又增加了一项"轻声交谈"。因为孩子自己参与讨论和建立的，所以能有意识地遵守、不断地调整，他们发现问题、解决问题的意识和能力自然而然地得到锻炼，能够有弹性地解决问题，孩子也真正成为教室的主人。这一系列的常规，充分保证了孩子自主活动的便利和效果。小班的孩子，物品或用品如果经常改变位置、找不到，他们马上就会情绪低落，甚至大哭。而书包柜、毛巾和杯架、椅子背上的照片和名字，都能帮助孩子建立安全感。值日生轮值表、洗手的流程图、小扫把和铲子等，赋予孩子角色，不仅使孩子喜欢自我照顾，还满足了孩子乐于助人的纯真想法，培养了责任感，减轻了老师的工作量，避免了孩子产生依赖感……用一句流行的话来总结就是"小

标志大智慧"。这些图文标记,是教师斟酌后的教育策略的体现,老师站在孩子的角度,理解孩子的年龄特点,运用直观的方式,把孩子一日生活中可以规范的细节标识出来,创设出有序的集体学习和生活环境。有序的环境就像是不说话的"超人老师",潜移默化地、用孩子们愿意接受的方式规范着他们的行为,逐步内化成稳定的习惯,使孩子们更好地适应集体的学习和生活,同时它也能很好地解决教师资源不足的现状。

孩子们做到有序了,老师自然轻松了。但孩子常规好就是为了老师轻松吗?显然这只是片面的理解。常规教育的出发点和归宿应是发展幼儿内在的自由,帮助幼儿形成积极主动的纪律意识,发展自理和自律能力。

常规虽然很多直观可见,但也要用多种形式引导孩子理解和遵守。有一些常规对于某些孩子可能还需要一段较长的时间,反复建立,需要老师等待、调整策略。关注每一个孩子,对于班额较大、教师资源比较紧张的班级,是较高的要求。切忌用生硬、强制、引诱等手段建立常规,这种方式也许能很快"见效",但它严重违背了孩子的生长规律,限制了孩子的个性发展,没有尊重孩子。

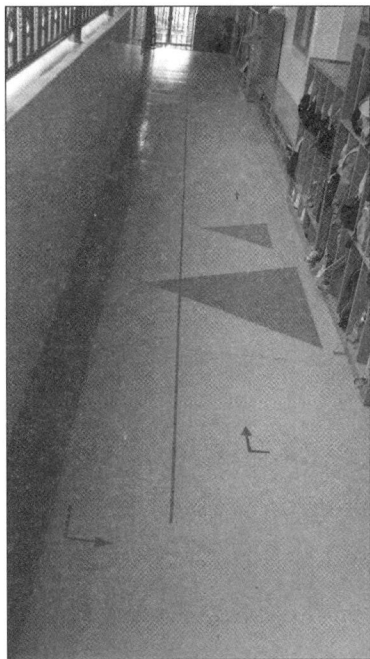

三、看不见的隐性常规

有些常规看不到,但在集体中一定少不了,例如一日生活安排、环节的过渡、等待、弹性解决问题、教师间的沟通和配合、教师的语言、家园的配合等,它能直观地反映老师和孩子的常规建立"功底",也是良好常规行为的基础。孩子们要在集体中学习生活,必定面临很多家庭中没遇到的问题:玩具不完全属于自己,不能想玩就玩;很多时候有时间要求,不能拖拉和耍赖;老师不能一直陪着自己,遇到困难和问题需要设法解决。老师面对这样的一群孩子,同样也要思考:如何安排健康、有序的一日学习、生活;用怎样的态度和语言面对违反和触犯常规的孩子;如何帮助孩子建立有序的常规习惯;如何和家长沟通,建立良好的合作关系。

《幼儿园教育指导纲要》中提出,"科学、合理地安排和组织一日生活","时间安排应有相对的稳定性与灵活性，既有利于形成秩序感，又能满足活动的需要"。老师在一日生活安排时应尽量考虑孩子的年龄特点，制定较稳定的一日生活流程，避免环节过多，造成时间、资源的隐性浪费。当然，任何规则都有例外的时候。例如有一次，孩子们教学活动结束后，要外出户外锻炼了，我自己去了一趟厕所，没有很清晰地和配班教师交代活动要求，等我回到班上时，年轻的配班教师已经控制不了局面了。由于没有交代活动规则，孩子们兴奋地在走廊上跑、闹。我本想吹一下哨子，集中孩子站队，但转念一想，孩子们刚才做好外出前的准备活动了吗，小老师又是怎么交代的呢。孩子们不能养成这样外出活动的常规习惯。由此，虽然户外时间已经到了，但基于孩子常规习惯的养成，还有对年轻教师的指导，我让孩子们重新回到教室。我用节奏游戏、手指游戏使他们安静下来，然后问他们："你们知道，为什么我们没有出去户外活动反而回到教室了吗？"孩子们想了一下，都说："我们不乖。"我不想让孩子理解为我是在责怪他们，我想让他们理解每次外出活动前都该做的准备，以及不这样做的后果。于是我回应到："不是不乖，是我们没有做好外出活动的准备，你们没有做好，老师也没有做好准备"……一次谈话活动开始了。那天的户外活动时间缩短了，孩子们没玩够，我告诉他们："是我们准备的时间太长了，下次我们快些做好准备，就能留出更多的时间玩。"一日生活的安排有序，是稳定常规的保证，但不代表必须照章执行，一个流程接一个流程，像这次的突发情况是很好的常规建立的随机教育契机，尤其是在小班，不当的行为和触犯常规的行为尽量及时解决，不要让孩子有"我可以例外"的机会，这样才能更快形成稳定的常规。

关于等待，不仅是孩子需要学习的，也是我们成人要学习的。现在的孩子都是独生子女，在家里什么都能很快得到满足，所以到了幼儿园这个集体中，很多时候显得"迫不及待"。"老师，我、我、还有我！"萌萌因为老师没有及时叫到她的名字而大哭，不再参加活动了；亮亮因为老师邀请了别人没有邀请他而迁怒于同伴，动手打人……正带着小班的我，头两个月每天都会遇到这样的事。我们不能怪孩子，因为之前没有环境，没有学习，"等待"是需要学习的。我首先在小组教学活动和游戏中安排了"ONE BY ONE"的环节；之后学习了故事《等一等》，孩子们模仿故事中的角色，表演着："请问能不能等一等，我的朋友×××也要上车。"结合日常生活巧妙、合理地延迟满足孩子的个别要求，如孩子们在活动时经常去洗手间，我就告诉他们："你可以去，但是要等一会，因为只有两双拖鞋，等前面两个人回来了，你再去吧。"还有一些可以做成流程图，让孩子看到每个环节接下来是什么活动，孩子就不会着急了，加上榜样和鼓励的正面引导，"等待"就没那么难了。

关于教师的语言。孩子们最喜欢模仿他人的行为和语言，尤其是教师。所以，教

师要格外留意自己的言行，给孩子提供一个正面的模仿和学习的对象。老师处理违反常规行为的方法常被孩子模仿学习。例如，铭铭在排队的时候挤到前面，我知道他想站第一，我用手势告诉他不可以，并说："小朋友都已经排好队了，你最好接着排下去。"铭铭耍赖地贴在我身上，一手推开前面的库库不肯去排队，守规则的库库用求助的眼睛看着我，后面的孩子开始大声指责："你走开"，"你到后面去"。我让铭铭看着我的眼睛，一字一句地告诉他："你必须按规则排队，耍赖也要回到自己的位置去。"我拉着他的手送他回到队伍里，他大哭起来。孩子们学着我之前的话，但口气比我厉害："耍赖也不行！"我平静地接过话："他这个时候一定心情不好，我很理解，那就哭一下吧，那样情绪可能会好些。"孩子们听了，好像明白了什么似的，不再取笑铭铭。每次在处理孩子的问题时，我都会想一会儿再说话，告诉自己不要急躁，先利用同理心安慰孩子，然后再清楚地告诉他正确的表达方式，且绝不妥协，并在孩子调整好自己后及时给予肯定。慢慢的孩子们都学会了我的口气，不指责和埋怨同伴，也不大惊小怪了。教师语言的运用真是要在平时的工作中多磨练和思考。

　　关于家园合作，对于常规培养，只靠幼儿园单方努力效果是不明显的，就好比一根桨划船，容易原地打转，非常吃力。现在的父母多是工作忙，孩子不是老人带就是保姆看，更多的是照顾吃喝，养身体、开发智力。这样的孩子有好习惯的只占极少数，所以给教师带来很多现实问题，常规教育效果不明显。家庭的喂养方式和对常规、习惯的理解和重视程度在很大程度上影响着幼儿园集体中常规的建立，家长是我们不可忽视的常规教育伙伴。在第七章，我们再针对家庭中常规培养的策略，父母在家里能够怎样做，提出具体的建议。

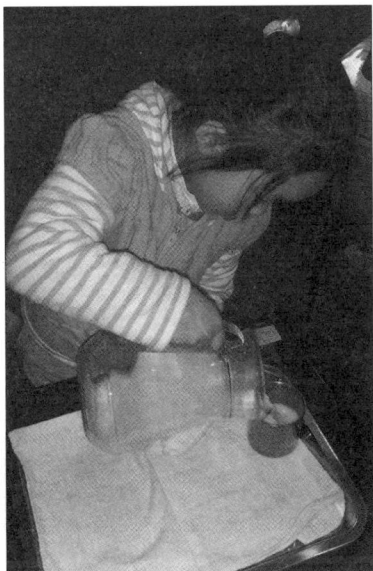

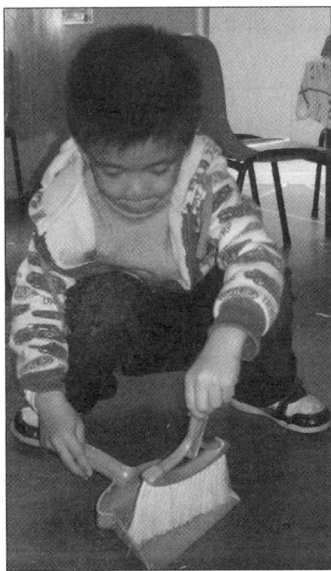

第 三 章

懵懂期孩子只要建立了安全感，就会在环境暗示中形成常规

结合道理，学习有效的方法。首先是懵懂期的孩子。

　　我把孩子三岁半以前的阶段归纳为懵懂期,我是参考皮亚杰的感知运动阶段(sensorimotor stage)理论,同时结合我在幼儿园的观察所得而定的。现在的孩子可能由于家庭教育问题,大部分被过度宠爱,导致心理比较迟熟。我发现从小小班到小班上学期的孩子的心理特点比较接近,为了方便幼儿园老师理解和应用,我把三岁半前的孩子归纳为懵懂期,一般也就是新生的第一个学期。

一、概　　述

　　所谓常规,简单地说是孩子遵守规则,深入地说是让孩子从自然人过渡到社会人,严重地说,是帮助孩子走出民主的第一步。懵懂期孩子的心理特点很简单,只要他们在生活环境中建立安全感,感受到成人以及朋友的关爱,他们就会很放松,自然而然地按照环境暗示生活,常规就是这样不知不觉建立的。这种基于孩子放松的心理状态接受,环境暗示而建立的常规与孩子服从于老师而建立的常规对比,可能在表面上是一样的,但本质却大不相同。前者是自主建立,也是内化的,反弹机会明显低于后者。

　　我认为安全感建立的前提是熟悉感和规律感。只要尽快让孩子产生熟悉感和规律感,孩子的安全感就会自然建立。虽然道理很简单,但是老师要面对的困难也不少。在我国幼儿园大班额的情况下,首先老师的分工策略就非常重要。我的分工策略是化整为零。化整为零用到班里的管理就是清楚地分类、分组进行教育,例如把孩子分成几组,每一个老师固定负责一组,这样就比较容易产生熟悉感。　因为熟悉感就是由交往的次数和时间决定的,固定了对象老师,孩子就比较快和这个老师熟悉。另外,老师应该尽量运用开学前的种种安排,如利用照片和家庭之间的活动来促进孩子对幼儿园的熟悉和向往。开学后老师就要巧妙地利用环境布置和交往技巧来建立孩子对人和物的熟悉感。

　　规律感就是每一天的安排经过多次重复后,孩子产生可预测感,有了可预测感,孩子的安全感就会增加。但规律感必须符合直观性、一致性和重复性这三个元素。直观性就是需要提供直观信息,例如图片或者声音,让孩子理解环节的转换和要求;"一致性"就是在开学初期,每一天的安排都应该是一样的,包括每一个细节,例如孩子的座位、负责每一个环节的老师等都不变动;重复性就是幼儿园和家庭保持一

致，重复一样的细节，特别是长假前要提醒家长。

每一个老师可能要面对一些由于错误的家庭教育导致心理已经扭曲的孩子，这些孩子可能有种种不正常行为，例如会对其他人排斥甚至有暴力倾向，面对这些孩子老师必须加倍付出。如果班里只有十来名孩子，这些问题都可以解决，可现实是大部分老师要面对 30 个或者更多数量的孩子。所以，就需要有效的策略和方法，例如针对建立感情的关键环节给力，打造倍感安全感的环境布置，老师之间有效分工，有效利用家长资源，家长教育家长，孩子教育孩子，甚至运用其他班级的孩子资源等。

建立孩子心理安全感的同时，老师还需要创造符合孩子建立常规的环境暗示的元素。和常规有关的环境元素分为显现和隐性两种，显性的是那些容易用直观标识体现的，例如玩具摆放位置、座位归属等。隐性的是那些不容易用直观标识表示的。例如，一日活动时间的安排和要求、老师处理孩子问题（例如抢玩具）的方法、讲话的声音等。基本原则应该是尽量把隐性的元素变成显性的，便于孩子清楚理解。老师要帮助孩子正确理解、执行这些常规要求，切记"语言是教育低幼孩子最无效的工具"。其次，就是要帮助一些家庭改善错误行为，例如讲脏话、喂饭等。

二、促使新生对环境产生熟悉感的策略及方法

（一）首先制定策略，大班额的教育策略就是化整为零

孩子感受到老师的关爱，是对环境产生熟悉感的前提。老师可以化整为零，把孩子分成"三六九等"。当然这里不是说人本身的等级，而是根据孩子的个性特征给孩子分类，然后针对不同的孩子给予不同的关爱。一部分孩子是三岁之前社会交往经验比较丰富的，他们比较容易接受其他人，自然较容易接受老师的亲近；一类孩子是比较怕生的孩子，他们接受起来比较慢，需要时间和耐心，但只要多给予提示，也能较好感受和接受老师；还有一部分孩子是很没有安全感的，在心理上存在一定的抵触情绪。这样的孩子就需要更长时间和更多的耐心，他们比较看重细节，可能会从一个小小的细节中验证关爱的真伪，我们一定要多一份心思放在细节的处理上。总体而言，不管是什么样的孩子，只要老师是真心的，老师的爱是真诚的，孩子一定能感受并接受。

我做了一个这样的关爱算式：老师的态度 + 环境的强化 + 家长的煽情 = 孩子的存在感（被爱）。这一算式对应着下面这个网络图，有了这个网络图，老师的思路会更加清晰。

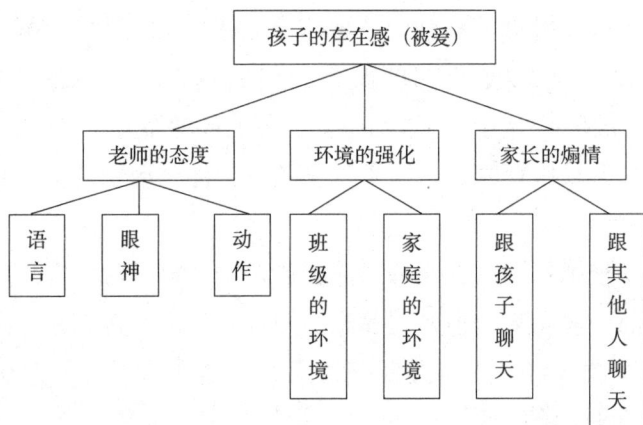

```
                    孩子的存在感（被爱）
        ┌──────────────┬──────────────┐
    老师的态度        环境的强化        家长的煽情
   ┌───┬───┬───┐    ┌────┬────┐      ┌──────┬──────┐
  语言 眼神 动作   班级的 家庭的    跟孩子  跟其他人
                   环境   环境    聊天    聊天
```

（二）然后做好开学前的准备，清楚告诉新生家长进园前的准备工作

幼儿园教育作为基础教育的重要组成部分，作为学校教育和终生教育的奠基阶段，其重要性已为越来越多的家长所认识。一旦家长把孩子送入幼儿园，就希望能让孩子接受良好的教育，能够健康快乐地成长。多数家长为孩子选择幼儿园，不仅看重幼儿园先进的教学设施，而且更看重幼儿园的办学理念与保教质量。《幼儿园指导纲要（试行）》明确指出，家长是幼儿园教师的重要合作伙伴。应本着尊重、平等的原则，吸引家长主动参与幼儿园的教育工作。对于刚入园的幼儿和家长来说，幼儿园的一切又都是陌生的，因此，在幼儿入园前教师首先要做的是家长工作，一旦获得家长的高度认同，家园共育就能取得事半功倍的效果。

首先，园方可在开学前两个月举办家长学校活动，邀请权威的心理专家和本园资深的教师为新生家长进行"如何应对孩子的分离焦虑情况"的讲座。让家长清楚认识到孩子入园后可能出现的哭闹、生病、不想上幼儿园等属于正常行为，同时，引导家长利用这两个月的时间对孩子的生活自理能力进行有针对性的训练。

然后，园方可以发放《新生幼儿入园前须知》或《家长手册》，以及《幼儿情况调查表》给每一位家长。不仅使家长有机会了解幼儿园的具体做法，而且还能主动做好相关的准备工作，同时能收集幼儿情况和家长参与"家园共育"的意见，为日后的教育提供丰富的信息资源。以下"家长须知"与《幼儿情况调查表》仅供参考。

新生幼儿入园前家长须知

各位家长：

欢迎您和孩子加入×××幼儿园这个大家庭，幼儿园因你们的到来而更加精彩，因你们的参与而更加成功！为了尽快让孩子熟悉和适应幼儿园生活，使其能顺利度过入园适应期。请家长做好以下准备工作。

一、配合老师全面了解孩子

1. 请您认真填写好《幼儿入园前情况调查表》，并保存好。

2. 8月中、下旬班主任电话预约家访并收取此表。

二、给孩子做好心理准备

1. 我园将在8月底安排亲子活动，帮助孩子熟悉班级环境；邀请家长来幼儿园参加家长座谈会，增进彼此间的了解。

2. 请和孩子一起观看幼儿园相关的影碟，激发孩子上幼儿园的愿望和兴趣。

三、给孩子做些能力准备

如果孩子在入园前具备一些简单的生活自理能力，那么他就能较快地适应幼儿园生活。

1. 独立用餐。学会用勺子自己舀菜，即使吃得满地满桌都是饭粒也无妨，来到幼儿园老师会想办法帮助他吃得干净些。

2. 想小便时能跟老师说。有些孩子刚入园时不会自己大小便，没有爸妈提醒，又不敢告诉老师，因而脸红耳赤地憋着，或干脆拉到裤子里。因此在入园前，尽量训练孩子需要大小便时会主动向成人讲"我要小便"或"我要大便"，并且知道大小便的方法。如果大小便拉在裤子里也要知道告诉老师，老师会给予及时的帮助。

3. 口渴时会主动喝水。

4. 不舒服时会说出或用手指出具体的地方（例如头痛、肚子痛等），这点非常重要，利于老师及时采取应对措施。

5. 会穿脱简单的衣裤。

6. 能大声清楚地表达自己的意愿。在日常生活中，家长可有意识地叫孩子做一些这方面的练习："告诉妈妈，你想干什么？"，"你刚才玩什么呀，给爸爸讲讲好吗？"……

四、给孩子做足安全知识准备

1. 教孩子记住家庭主要成员的姓名、单位、家庭电话号码。

2. 告诉孩子不跟陌生人走，不管什么时候都不离开老师和小朋友，离园时愿意和老师说再见后再离开。

3. 告诉孩子一些必要的安全常识，如不动电源插头、不拿剪刀、牙签等锋利的物品当玩具等。

五、给孩子做好物品准备

1. 幼儿园会有统一的被子、校服和书包（报到时在幼儿园购买）。

2. 给孩子所有的衣物及物品贴上名字标记（报到时会发放孩子的名字布条100个）。

六、重视孩子入园的体验

1. 开始几天孩子哭闹是难免的，把孩子送到后请家长尽快离开幼儿园，避免孩子哭得更厉害。

2. 家长离开幼儿园后不要在外围墙张望，以免影响孩子的情绪、造成孩子的不安。

3. 孩子从幼儿园回到家后，请家长帮助孩子回忆幼儿园快乐的事情。

×××幼儿园

×××年×月×日

幼儿入园前情况调查表

姓　　名		性别		常说何种方言	
出生年月		籍贯		户籍	
家庭住址					
药物或食物过敏情况（请勿隐瞒事实）		曾患重大疾病、作过何种手术、家族有何种遗传病（请勿隐瞒事实）			
入园前主要照顾人		曾入何幼儿园及在该园总时间			
以下内容请家长按孩子的实际情况打勾（可以多项选择）					
1. 孩子的进餐习惯：		□需成人喂饭			
□能独立在45分种内进餐完毕		□不会使用勺子			
□能独立完成，但时间超过45分钟		2. 孩子的饮食习惯：			
□自己吃一半大人喂一半		□不挑食、不含饭			

（续）

□不挑食，但有含饭现象	□不会穿脱
□只吃自己喜欢的东西	6. 您的孩子在大小便自理方面：
□食欲较差	□能独立大、小便
3. 孩子的午睡习惯：	□须成人陪同大、小便；
□按时独立地入睡	□大小便后需要成人帮助擦拭或提裤子
□需有成人或辅助物陪伴才能入睡	□有尿裤子现象
□难入睡	7. 您的孩子在与同伴交往时：
□没有午睡习惯	□能主动找同伴友好地玩
4. 您的孩子在穿、脱衣裤方面：	□喜欢与同伴玩，但不能友好相处
□能认识自己的衣裤，并正确穿脱	□喜欢独自玩耍
□会穿脱，但分不清正反、前后	□有攻击他人行为
□会脱不会穿	8. 您的孩子在收拾玩具方面：
□不会穿脱	□能自觉收拾好玩具
5. 您的孩子在穿脱鞋袜方面：	□在成人提醒下收拾玩具
□能分清左右，并正确穿脱	□没有收拾玩具的习惯
□会穿脱，但分不清左右	
□会脱不会穿	

（三）开学前还要发挥家访的作用，以家长作为中介传递熟悉感

新生入园前，我们需要进行家访，一方面了解孩子以及家庭的基本情况，另一方面跟初次相识的孩子与家长混个脸熟。千万别小瞧新生入园前的家访工作，这可是建立安全感的重要途径。

拿到新生名单后，可以先召集家长召开家访前的家长会，一方面相互熟悉，另一方面帮助家长做好入园前的各项准备，尤其是心理准备。让家长减轻疑虑，减少担心，让家长与老师之间先形成一种默契。可以在家长会中让家长填写一张信息表，包括孩子基本的喜好、性格特征，以及家长的基本资料等。同时，给家长提供班级老师的照片，引导家长学会有技巧地向孩子介绍老师。这些都是为了家访当天，让孩子相对自然地接受老师。

家长回家以后可以把老师的照片跟家里的其他照片放在一起，包括孩子自己的和身边人的。家长在孩子面前欣赏照片，一边欣赏，一边表现出开心的样子，吸引孩子的注意，让孩子主动靠近，一同欣赏照片。然后，家长跟孩子一起说一说照片上是谁。当出现老师照片的时候，不要直接问孩子是谁，如果孩子问是谁，家长也不要着急地说出："是我们要上幼儿园的新老师。"家长可以尝试说："这个是妈妈的一个好朋友，妈妈遇到什么困难，她都会帮助妈妈的，妈妈很喜欢这个朋友。她那里有很多很多玩具，都是我们家里没有的。她还会讲很多很多故事呢！妈妈的这个朋友也看过你的照片，她可喜欢你了。很想跟你一起玩她的玩具呢……"让孩子先通过照片对老师有初步的感受，知道她是妈妈的朋友，会帮助妈妈，妈妈喜欢她。

与此同时，老师则要对家长填写的表格内容做一定的了解。这是为了家访时，在跟孩子聊天中过程中，证实自己的确是妈妈的朋友，知道妈妈的一些事情，比如车辆的颜色、车牌号、手机的颜色、妈妈炒菜的围裙等。而对孩子的了解，可以是孩子最喜欢的一个东西、孩子床铺的颜色、孩子的生日等，必须是一些孩子知道的，且能直观感受到的。

老师做好了这些准备，就可以放心去家访了。记得一次家访，我专门穿着照片上那身行头，家长带着孩子到小区门口来接我们，一看到我们，家长有些紧张，我害怕孩子看出破绽，立刻上前挽着妈妈的胳膊说："好久不见，真想你啊！"然后跟孩子打招呼："你就是乐乐吧？跟我看到的照片一样呀！"紧张的气氛顿时得到缓解，走进孩子家中，我们在妈妈的招呼下坐了下来。我们跟家长闲聊，期间不时跟孩子微笑，还夹杂些逗乐的小动作。等我发现孩子的表情越来越自然的时候，便说道："乐乐，我很喜欢你妈妈呢，我们是好朋友，我还知道你妈妈的手机是什么颜色的呢！"说完，做猜想状态，然后猜出答案，并请妈妈拿出来验证。这样玩了几次后，把目标转入孩子，猜猜孩子的喜好等。乐乐从一开始不说话，只是看着我，慢慢开始一脸兴奋地在房间里穿梭，验证我的猜想答案。这时候，妈妈引导孩子道："呵呵，乐乐，妈妈的朋友厉害吧！她是妈妈的朋友，你该叫她什么呢？"乐乐高兴说道："阿姨！"我问道："那我是做什么的呢？乐乐也猜猜看！"孩子正在思考，我便假装看电视，妈妈趴在乐乐耳边悄悄说道："老师！"孩子马上喊道："老师！"我当即表示非常惊讶："好厉害啊！那么你猜我什么最多啊？"因为孩子前一天通过照片认识了我，所以，立刻说："玩具！"我开心地点头，并对孩子说："我邀请你到我们小四班来玩玩具啊。记得来的时候找我，我是戚老师！"离开的时候，孩子在妈妈的引导下说："戚老师，再见！"

（四）如果幼儿园只能够开学后做家访，那么老师可以这样安排

第一次家访要做好充分准备，给家长和孩子一个良好印象。所谓的准备包括：了解家长报名表中的全部信息；制定并告知家访的路线；提前一周电话预约，让家长选定时间，最好选在孩子情绪较好的时段；告知家访目的；交代家长不要勉强孩子问老师好等。班级几位教师要分好工，分别负责和家长聊天、逗孩子玩和记录与

照相等。

很多幼儿园基本都是开学后老师才拿到新生名单，全体家长会在开学前进行，但家访都安排在开学一周后，老师对孩子有了初步了解才进行。这种方式有利有弊，不足在于老师白天上班，晚上、周末家访，比较辛苦。有利的方面是：有了对孩子的了解，老师家访更有针对性，更能解决实际问题；老师也可把"去你家里做客"当做奖励，激发孩子对老师的爱和认同。当然，这一周内老师对每个孩子的生活、情绪等要有细致周到的观察和了解，并作一定的分析。这样家访时，就可以向家长作出专业和细致的反馈，并给出近期的家园合作建议，如此一定可以赢得家长的信赖。

第一周的观察，我的实际经验是：班级教师只有分工合作、巧用记录，才能对全班孩子做到比较清晰的观察。这少不了一些表格的制定、事前的分工、每天下班前的碰头讨论等。

下面是一张第一周观察记录表，仅供参考。

小一班开学第一周观察记录表

观察人：　　　　　　　　　　　　　　　　　观察时间：

学号	幼儿名	情绪		进餐			午睡				入厕		其他
		来离园	活动	早餐	午餐	午点	没睡	抱睡	自己	睡时	大	小	

符号表征：很棒☆、较好√、努力△

另外，很多家长在孩子入园时表现得很焦虑，无从下手，其实有一件事是家长一定可以做的，那就是家长相约出游，结识朋友。教师也可以建立家委会或活动小组，由组员牵头做相约出游的活动，促进孩子们相识、建立感情，使他们在集体中有相识的人、有玩伴，以消除紧张情绪。

（五）做好孩子建立对老师的熟悉感的安排后，就要开始环境布置

1. 主题墙是建立熟悉感很好的工具

对于班级的整个大环境要有统一的主色调，颜色太多太过杂乱，会让孩子感到情绪不安，也会影响班级环境的整体美观。比如，小班上学期，我班主题是"我爱我的幼儿园"，我选择了粉色为班级主色调。这个颜色富有童趣，孩子们在粉色的环境下有回归感、安全感，情绪比较容易放松。在每个环境墙面旁边，我用统一的颜

色底纹制作了环境说明，包括对这个环境由来的描述，以及希望达到的目标，同时，还给家长做了相应的温馨提示，引导家长如何结合这个内容进行相应的家庭教育，帮助目标的巩固和有效提升。这能让家长直观地感受到我们的目的，从而主动、自愿、快乐地接受并配合我们的教育。

这是一段环境说明内容：我们布置了一个有着两棵成长树的大环境，在这个环境背景下，孩子们纷纷表现出自己对长大的认识："我长大了，我应该自己穿衣服"，"我长大了，我能自己选择喜欢的衣服啦"，"我长大了，会交朋友了，瞧！我和好朋友穿一样颜色的衣服"……长大了的孩子还能做些什么呢？孩子说："我长大了，我能自己吃东西。"那么怎样才能长大呢？我们通过各种活动，利用多种美工技巧，制作了"我不挑吃"的环境，"瞧！只有蔬菜、肉类、水果都吃的孩子，才能长大呢"。通过这个环境，我们也让家长知道，孩子已经在成长了，能让他们自己做的事情，就给他们机会，让他们自己去做。

在主题墙里，我还用大大的爱心制作了一个大环境，爱心里面有很多小爱心。小爱心的数量刚好是班级孩子的数量，我让孩子知道，大爱心表示我对大家的爱，对我们班级的爱，小爱心表示我对每一个孩子的爱，这些爱都是一样的，每个孩子都有。然后请孩子们制作小爱心，引导孩子接受班级的大爱和老师的小爱，接受的孩子就把自己的爱心粘贴在大爱心里，让我的大爱心抱一抱。这一版面我们就放在孩子进入班级的墙面上，孩子们每天进来出去都要看到很多次，我们就这样通过环境提醒孩子，自己生活在一个有爱的集体中，在这里有爱他的人。同时，我们请家长在孩子的卧室准备一块板子，或者就在墙上粘贴一张纸，上面是老师关爱孩子的一张照片，还有老师制作的与幼儿园墙体上小爱心一样的爱心。这样，孩子会在睡前、醒来后都能看到这样的环境，从而帮助孩子感受关爱的存在，增进对老师的熟悉感。这样做也是因为孩子对事物的认识往往都是直观的，我用最直观的环境让孩子感受关爱，从而愿意接受关爱，为孩子今后爱班级、爱集体，愿意遵守班级常规打基础。

2. 还可以利用照片和家里的物品，让孩子尽快对环境产生熟悉感

到了注册的那天，我们要求家长一定带着孩子一起来幼儿园。在教室门口的"欢迎小朋友到××班"的背景墙上，粘贴好我们老师的照片。这张照片一定要跟孩

子家里的一模一样。一些孩子见到老师主动凑上来，在一片轻松自在的气氛下，孩子们对班级有了第一次感受。

开学第一周，会有个别孩子出现哭闹现象，这是难免的，竟这是孩子们第一次在没有家人的陪伴下在一个新环境里生活。我们可以在教室的各个区域摆放很多孩子们家里面的玩具，并在很多小空间里粘贴孩子爸爸妈妈的照片。通过这样的环境给孩子安全感，让他们感受到这里和家有很多一样的地方，有熟悉感想念爸爸妈妈的时候，还能看到他们的照片。这些照片我们都要做成可抽动的，一些孩子无法入睡的时候，我们还可以把照片贴在孩子床头可以看得到的地方。

一个班级有二三十个孩子，但只有三个工作人员，我们必须明确分工，尽可能保证每一个孩子都能感受到老师的关注。一个老师专门面对能够适应的孩子；一个老师面对哭闹的孩子，把他们安放在有他们家人照片的小空间里，并提供他们自己的物件，比如枕头、公仔等，利用环境安抚孩子们的情绪；个别哭闹声音特别大的孩子，我们则请阿姨带到教室外面，一方面考虑孩子之间会相互影响，一方面利用自然环境安抚孩子情绪。有条件的幼儿园，可以在幼儿园里饲养一些小动物，因为小动物是动态的，孩子对它们充满了好奇，小动物的存在更容易吸引孩子的注意。值得注意的是，我们要尽可能不让孩子看到幼儿园大门、车辆、街道，因为这些环境都是与家人相关的，容易勾起孩子跟家人在一起、爸爸妈妈送自己来幼儿园等回忆，从而强化孩子想回家的想法和行为。

第一周过去后，孩子们要面对入园以后的第一个周末。到周五的时候，我们可以给每个家长提供一张孩子在幼儿园的照片，如自己吃饭、安静入睡、快乐游戏等。引导家长在周末利用这张照片鼓励孩子，如向身边人展示照片，让孩子感受到自己长大了很自豪。当然，还可以把这张照片展示在家里，起到一个暗示作用。

三、促使新生对环境产生规律感的 策略与方法

（一）首先是活动室的规划方法

对于小班的区域划分，我们要充分考虑合理性的问题。可以尝试大空间中有小空间，比如在操作区，我们可以用纱布、桌椅、柜子等作为隔断，划分出小空间，从而减少孩子之间的干扰，降低孩子随意走动的几率。每个区域之间的入口也都尽可能地不挨到一起，减少孩子随意更换区域的机会，让孩子在自己选择的区域里更好地游戏。

　　班级桌椅的摆放可以作为区域之间的隔断，但考虑到小班孩子容易受到别人干扰，最好不安排两张以上的桌子拼合在一起，尽可能不让桌子与桌子相对。当然，我们必须结合懵懂期的孩子的特点，以及班级孩子状况，在一定时间内调整桌椅的摆放。比如，在我的班级，一开始，我给孩子的空间都是很小的，桌子基本都是单个摆放，目的在于孩子在小空间里可以不受同伴和环境影响，从而建立对常规的初步感受；这样的区域间隔持续了一个月，然后扩大小空间，将一部分桌子两张两张摆放在一起，孩子们从两个三个坐在一起拓展到五个六个坐在一起，这是考虑到孩子的模仿性，意图通过同伴间的行为，加深孩子对常规的感受。同时，帮助孩子们建立友爱关系，让他们感受到来自更多人的关爱，并尝试关爱更多的人。

　　在孩子座位的安排上，我们会让语言表达能力比较好，也就是我们平常所说的比较大方的孩子跟比较内向的孩子坐在一起，让比较好动和比较安静的孩子坐在一起，让那些我们平时所说的调皮、喜欢搞小动作的孩子坐在离老师最近的地方。

　　对于一些集体活动，我们会在教室里选择一块可以容纳全班孩子的空地，这个在区域布局的时候就要考虑到。在这个空地上贴上颜色点点，老师可以根据班级的人数安排排列点点。人数在 20～25 的班级，可以考虑双扇形的排列；25～30 的班级，可以考虑三排或者四排的长方形排列；班级人数超过 30 的，则可以考虑"同"字形的排列。我们都知道，人与人之间距离的远近，对人的关注度、专注性起到很重要的作用。如果一个人在距离我们比较近的位置听我们说话，他对我们的关注度就比较高，专注性也就相对好一点，如果距离我们有一定的距离，就容易出现走神、被其他事物影响等行为。考虑孩子集体活动的座位排列，就是为了让每一个孩子都能感受到被关注，都能关注老师。

　　为了保证每一个孩子是在公平的距离内得到关爱和接受教育，我以一星期为周期，并结合孩子的行为表现，适当调整孩子们的位置。当然，在我们的工作中，总会有让我们感到头痛的个别行为异常的孩子，要么在教室里跑来跑去，要么踢打抓挠同伴，要么自言自语……他们多多少少会影响到集体活动的正常开展，我们也一般会把他们放在距离老师最近的地方，但当遇到换位置的时候，他们又该何去何从呢？我的办法是将他们安排在最外圈或者最后排的第一或者最后一个位置，这一周就要求班级另一个老师或者保育老师坐在他们的旁边或者后面，适当约束孩子的行为。

　　下面我用简单的图示帮助大家理解我说的排列方式。圆点是行为异常孩子可以选择的位置。这里列举的是我最常用的三种排列方式，当然还有很多方式老师可以自己把握。

图一（同字形）：

教师

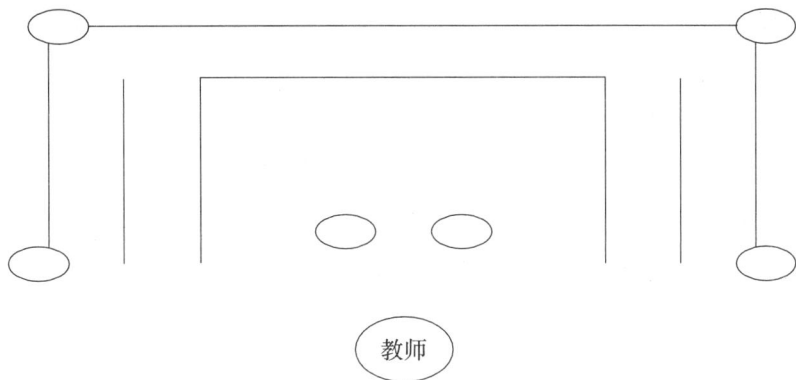

图二（长方形）（根据班级情况和孩子数量而定，三排四排都可以）：

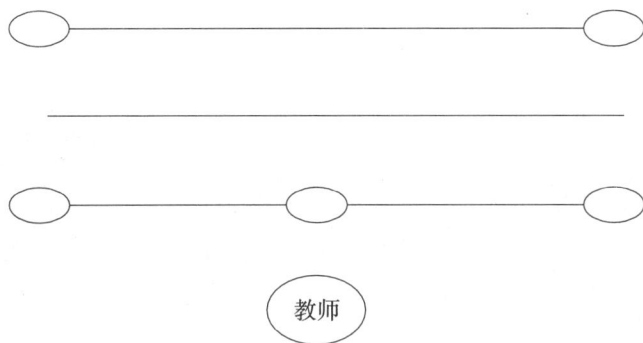

教师

图三（双扇形）：

教师

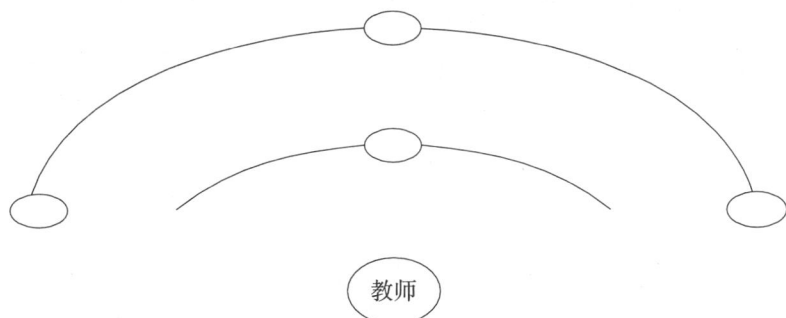

（二）然后就是设计直观的一天流程标识

孩子们入园后，进入班级的第一件事情就是插牌，表示自己已经进入班级。我把入班的牌放在入班的第一面墙体上，让孩子知道自己踏入这个班级，第一步就是要签到。接下来孩子们就要存放书包了，我在存放书包的位置张贴了一张如厕的标识，引导孩子们知道，放好书包以后需要小便和洗手。我又在厕所洗手池的墙体上张贴了喝水的标识，让孩子们知道下一步要喝水，喝水后就可以选择自己喜欢的地方参与游戏了。我们通过这样的图片提示，让孩子知道下一步要做什么，久而久之，孩子们就会形成入园习惯。我园早上的晨间活动是全园开放式的，到了一定的时间就会播放收拾玩具回班级的音乐，对于刚入园的小班孩子来说，起初他们对这样的音乐是陌生的，一开始我让孩子们在班级附近，自己班级老师能关注到的地方游戏，待孩子们对收拾玩具回班级的音乐有了一定感受之后，就让他们充分参与全园活动，并派出一个老师加以提示。我发现用音乐提示孩子是一个很好的办法，在班级里，我跟孩子一起选择了他们比较熟悉的几段音乐作为各个环节衔接的提示音。比如，我用《小燕子》的音乐作为小朋友如厕后坐点准备集体活动的音乐，用《时钟滴答滴》作为收拾玩具的提示音乐，利用《睡吧 小宝贝》作为孩子们需要安静的音乐。每当这样的音乐响起，孩子们就会根据音乐提示进行相关活动。因为每天的环节都是重复的，慢慢地孩子们在没有音乐的提示下，也能自觉完成一系列的活动。

以下是一日活动流程安排火车图，能帮助幼儿明了各个环节，供大家参考。

（三）接下来是利用标识，让孩子熟悉每一环节正确的方法和步骤

不管是喝水、洗手还是漱口等，我们都可以用一些步骤标识帮助孩子建立相应的常规。如喝水，在饮水机前面张贴小脚印，小朋友需要站在小脚印上等待喝水，引导孩子知道接水需要排队，我们还在饮水机上张贴了从接水到坐在椅子上喝水再到放杯子的系列照片，引导孩子有秩序地喝水。洗手也是一样，我在洗手池的墙体上粘贴了洗手的完整过程，提示孩子们洗手需要完成哪些步骤。

我们都知道小班的孩子起初是不会收拾玩具的，玩具玩过之后就摆在那里，即便老师带着孩子收拾玩具，孩子们也会把这里的玩具放在那里，那里的玩具放在这里。每天放学老师都要留下来自己整理。我班级的玩具是这样安排的，我给玩具一一拍好照片，一式两份，一张粘贴在玩具盒上面，一张粘贴在相应的柜子上，在使

用玩具之前，我会引导孩子认识玩具以及照片，然后引导孩子把玩具放到相应的位置。这个时候老师不能贪心，即便是有了照片，孩子们依然会不知所措，我的办法是，一次只摆放好一个区域就可以了。比如，今天我只介绍操作区的玩具，那么在操作区玩的孩子，就在老师的引导下收放玩具。下一次的区域活动，我就让不同的孩子进区活动，然后引导这些孩子合理收放玩具。第二天，我则对其他区域进行相应的引导。一般孩子们会在一周时间内基本掌握收放玩具的方法。下一周，就可以全面铺开区域活动，孩子们在哪里参与活动，就要在哪里收放好自己使用的玩具。老师则针对能力弱的孩子给予引导。

当然，我们不能忽视的就是，在此期间要不断鼓励孩子，给予孩子信心。说到收拾玩具，自然就不能不说到玩玩具，孩子们认识了自己的座位后，大多不愿意坐在别人的椅子上，也不愿意别人坐自己的椅子，而区域活动开展的时候，又要在相应的区域内玩，那应该怎么办呢？我们可以给相应区域的玩具上面张贴不同颜色的圆点，比如，操作区的玩具，每个玩具上面都有一个红色的点，操作区的桌子、椅子上面也贴上一样的红点，我们告诉孩子，玩具不能离开自己的家，要不玩具爸爸妈妈会着急的，引导孩子拿到红点玩具，就坐在红点椅子、桌子旁玩。

匡老师：

幼儿易打翻饭菜，此处方便幼儿自己处理不慎打翻的物品，避免盲目求助

四、开学后，可以运用一些方法有效强化，建立孩子的安全感

（一）老师掌握这些能够量化的态度，孩子很快就会和你亲近

孩子感受到一种存在感，最基础也是最关键的就是老师对待孩子的态度。我们

知道不管做什么事情，态度很重要。在与人交往上面，不管是面对成人还是孩子，心态决定了交往中的行为走向。不管是怎么样的孩子，老师首先自己在心里要接纳他，如果老师都不接纳孩子，老师管理的班级就不可能被孩子接纳。当老师真正意义上地接纳每一个孩子之后，就要通过语言、眼神、动作传递自己对孩子的爱了。老师对待孩子的语言应该是积极向上的，看到孩子的一个小进步要及时给予肯定和赞扬。即便是孩子不好的行为，老师也要用积极的态度对待，站在孩子的立场表示对孩子的理解，并帮助孩子改善，引领孩子向正确的行为迈进，并将班级的常规渗透在其中。

孩子的察言观色的能力很多时候超过了我们成年人。所以，老师的眼神就显得至关重要了。其实每一个孩子都渴望得到老师的认可，都渴望被身边的人重视，满足内心的那种存在感，感受到"我"的意义。为此，孩子们会很注意观察老师的眼神、表情。所以，用表情、眼神与孩子交往也是一个很重要的环节。在集体活动中，当孩子举手回答问题的时候，没有叫到的孩子会很失望，所以，每次我请一个孩子回答问题的时候，总是会用点头、微笑和关注的眼神让其他孩子感受到，我看到他们了，知道他们也能回答。孩子们在玩一些自由自主的活动时，我会时不时地跟孩子们微笑、眨眼，有时候也会对孩子们做做鬼脸，拉近我们之间的距离。老师的动作也是很重要的，轻抚孩子的头，轻轻牵着孩子的手，都能让孩子感受到老师对他的关注。对那些较快适应并能遵守常规的孩子给予肯定，伸出大拇指表示赞扬，摸摸他的小脸表示喜欢这样的他们。对那些还没有适应和遵守常规的孩子给予引导，我会跟他们一起做，一起喝水，一起排队，一起擦嘴，一起收拾玩具，同时用友好的眼神和亲切的语言表示我们在一起。

（二）还可以巧用家长传递"爱"

家长的煽情是让孩子感受到关爱的'强心针'。孩子们从生下来就是和家长生活在一起的，他们的很多判断受到家长的影响。在家长认可我们的基础上，我们让家长明白，在孩子面前"煽情"的重要性，然后邀请家长在孩子面前肯定并描述性地讲述班级和老师的爱，比如，家长可以跟孩子说，"我发现老师很爱你，她一定像妈妈一样，经常抚摸你的小脸，表示对你的喜欢呢！我要是有老师这么爱我多好啊"，"老师真爱你，你们中午睡觉老师都陪着等你们睡着才离开吧！我要是有老师这么爱我多好啊"，"老师很爱你的，她专门做了那么好看的爱心送给你！我要是有老师这么爱我多好啊"等。我引导家长用孩子经历过的事情进行描述，并加上自己对这种爱的渴望，在强化孩子记忆的同时，让孩子产生一种优越感，这就是跟孩子聊天的技巧。那么跟其他人聊天呢？我们不难发现，我们大人在聊天，虽然孩子在

专注地看电视、玩积木，过后，孩子却能将我们聊天的内容记住，有时候还在他们的生活中重复。因此，我们让家长可以在与家人聊天的时候，交流一下班级、老师给予孩子的关爱，这是一种间接的传递方式，尤其对于那些戒备心很强的孩子，这样的方式可以消除他们的戒备。

（三）运用团体讨论帮助幼儿明确规则也是有效的方法之一

团体讨论可以这样做。第一，在一日活动中，安排两次以上团体讨论时间，即幼儿围坐在老师身边，就某件事情发表自己的看法。如"班里只有一台饮水机，有许多小朋友要喝水，可以怎么做"，有的说："要排队。"有的说："可以先去小便、洗手再喝水。"有的说："自己带水壶来幼儿园。"教师再将幼儿的意见进行整理和归纳。第二，午餐前进行文学欣赏活动，通过欣赏故事、儿歌、散文等渗透教育。如故事《丑小鸭》可以增进幼儿的同情心。儿歌短小精悍，朗朗上口，深受幼儿的喜爱。或运用儿歌来引起幼儿的兴趣，帮助幼儿掌握常规的要领，如洗手每次洗手时都念儿歌：乖宝宝，来洗手，先把长袖变短袖，再把小手冲一冲，抹肥皂搓一搓，搓手心，搓手背，一二三，甩甩干，最后擦干手指头，可以帮助幼儿掌握洗手的方法。第三，在团体讨论时多肯定幼儿的表现，即用事实来肯定大部分幼儿的做法。如教师用相机捕捉事实片段，通过照片肯定全班幼儿放书包的正确方法。老师要避免直接表扬某个幼儿，令个别幼儿飘飘然和让其他幼儿羡慕不已的做法。

（四）慢慢就要扩大孩子对其他人的熟悉感

帮助孩子感受关爱的时期，也是孩子感受"我"这个概念的时期，同时孩子们能在关爱下发现"你"、"他"的存在，为孩子建立友爱铺垫经验。

一般我是在国庆长假后一周巩固关爱后，开始把重点放在帮助孩子建立友爱上。因为国庆长假会让孩子情绪再次波动，经过节后一周调整，孩子基本能恢复过来，这时候进入友爱的建立比较合适。当然，友爱的建立与孩子感受关爱是密不可分的。

友爱关系我觉得有四个方面，老师与孩子之间友爱关系的建立；老师与老师之间友爱关系的建立；孩子与孩子之间友爱关系的建立；老师与家长之间友爱关系的建立。

老师与孩子之间的友爱关系是建立在关爱与被关爱基础之上的，如自然主动地亲近孩子，适度宽容他的错误；帮他一起感受成功的喜悦；主动抱他、亲他，和他牵手，用身体亲近他；以朋友的角度向别人介绍他；和他一起在楼梯口、角落等私密空间说悄悄话；在他遇到"危险"的时候，保护他；陪他一起大笑大叫；用手机拍下他的照片；和他建立"好兄弟"的关系……在得到孩子的信任后，我加入了一定的规则，还抓住孩子的特点，给他一定的物质刺激，只要有一点的进步，我就立刻奖励他，让他感受进步带来的快乐。当孩子的内心有了我的重要位置的时候，我就增加情感刺激，减少物质刺激。面对孩子的种种举动，我会夸大表现我的喜怒哀乐，让孩子知道我的喜怒哀乐与他是密切相关的。

老师与老师之间的友爱关系也至关重要，一方面会使班级更加有凝聚力，一方面言传身教，给孩子起到榜样作用，让孩子从中感受到友爱是可以怎样表达的。

在一个班集体里，光是让孩子感受老师个人的爱是不够的，还要让孩子感受到集体其他人的关爱，从更多的方面帮助孩子建立安全感，感受爱与被爱，从而建立集体中的友爱意识。虚荣心和自尊心人皆有之，孩子也不例外，他需要周围的人肯定他，喜欢获得别人的肯定与称赞。我就从这里入手，帮助孩子建立同伴之间的友爱关系。比如，我们每天都会点名，请小朋友找一找谁没有来，然后拨通孩子家的电话，通过免提让孩子们跟未到园的孩子说说话；利用放学前的聊天时间，让孩子说一说，今天散步你跟谁牵手了，然后利用几分钟的时间，跟牵手的小朋友抱一抱，表示友爱；结合一些集体活动，比如找朋友、送给好朋友礼物等，帮助孩子建立与同伴之间的友爱关系；还可以通过细小的生活活动，让孩子感受被小朋友关心的幸福，这一点可以与老师与老师之间的友爱行为相结合，如帮同伴倒杯水、帮同伴拿衣服等。

老师与家长之间友爱关系的建立，一方面可以让孩子更加信任老师，信任幼儿园，另一方面能家园步调一致地教育孩子，帮助孩子更好地建立起常规意识，另外还能起到榜样作用。我们利用假日小队拉近与家长之间的距离，同时，抓住每一次跟家长接触的机会，像好朋友一样跟家长聊天。这里我又要说到态度，老师内心真正愿意接纳家长、感染家长，家长就会接纳老师，就会自然而然地成为朋友。

五、情绪波动孩子的处理方法

对于个别哭闹声音特别大的孩子，我们会请阿姨带到教室外面，一方面避免孩子之间相互影响，一方面利用自然环境安抚孩子情绪。有条件的幼儿园，可以在幼儿园里饲养一些小动物。因为小动物是动态的，孩子对它们充满了好奇，小动物的存在更容易吸引孩子的注意。要注意的是，我们应尽可能不让孩子看到幼儿园大门、车辆、街道等，因为这些环境都是与家人相关的，容易勾起孩子跟家人在一起、爸爸妈妈送自己来幼儿园等回忆，从而强化孩子想回家的行为。

0~3岁这个年龄段，是孩子的懵懂期，此时的孩子是非观念淡薄，更容易出现

"差错"。尤其是那些天性顽皮的孩子，他们喜欢上蹿下跳、翻箱倒柜地把家里弄得乱七八糟，或是大小便不能自理，吃饭用手抓、边吃边离开桌子去玩耍，有些孩子"自闭"，会害怕人群，总是去无人的角落里躺着或摆弄那些瓶瓶罐罐、不同形状的盒子、能转动的物体。还有的特别好哭，哭声洪亮而持久，说话都是重复不断的语句，如"妈妈抱，妈妈抱"，"妈妈怎么还不来"，"回家，回家"。有的每天嘴角不停地流着口水，一天要换很多件衣服，每到午睡时，不是哭闹就是自言自语，弄得同伴无法入睡……面对这些特殊行为的孩子，我们的做法仍然是"关爱"。

(一) 理解和尊重孩子的行为

这个时期的孩子，其所做所为并非不合理，这只是他们对客观世界进行探索的表现。如果对他们只是进行简单的说服教育，事实证明不仅是徒劳，而且还会影响孩子良好个性的形成。正确的做法是创造合适的条件，让他们自由探索这个世界。

案例1：马桶上的秘密

飞飞是一个2岁多的男孩，他与人交流时只会用三个字的句子，如"吃好了"、"要尿尿"。他还有一个喜好，就是趁人不注意，把小便尿在洗手池里。我曾亲自领着飞飞到小便器前小便，可他扭头就跑到洗手池前，一边尿一边玩着一个坏了的水龙头（它能发出声音）。于是，我在小便器前粘贴了一个能发声的小玩具，过一阵子还会换一个新的来引起他的兴趣。逐渐地，飞飞习惯在小便器前小便了。

(二) 根据不同孩子的需要更多地给予"允许"

目前，幼儿园里普遍存在"高压"现象，师生比率低是导致"高压"现象的原因之一。班里两位老师要面对几十个孩子，采用"高压"手法能获得"速效"，但这短期的效果将长期影响孩子的身心健康。因此，我会根据不同孩子的需要给予"允许"。

案例2：午睡的故事

孩子在幼儿园每天都要午睡，而入睡的速度有快有慢，醒来也有先后。入睡慢的孩子在床上自言自语、翻来覆去；先醒来的孩子则会找旁边的孩子讲话、玩游戏。针对这种现象，我尝试着允许精力充沛的孩子晚点上床，允许先醒来的孩子先起床。在一个周末，班里一位孩子的爸爸打来电话说："老师，你是怎么教我儿子的？"当时我给吓了一跳，以为做错事情了。这位爸爸紧接着说："我儿子午睡起来后轻轻地离开卧室，抱了筐玩具在地毯上玩，没有吵醒我和他妈妈。"顿时我舒了一口气，简单跟他介绍了相关的做法。这位爸爸非常肯定地说这是"以人为本"的。是的，"允许"是站在孩子的角度理解了他们的内心需要，长期的"允许"促使孩子的行为内化，逐渐形成一种习惯。

（三）给予妈妈般的温暖

孩子来到陌生的集体，难免会产生焦虑感：有的哭闹，有的闷闷不乐，有的坚决不吃不喝幼儿园的食物，有的困极了也不上床睡觉，有的头三天高兴，到了第四天号啕大哭等。面对这样的孩子，我们不要责怪，不要训斥，更不能讨厌，只需要给予像妈妈一般的温暖就可以了。

案例3："绝食"的婷婷

婷婷刚来幼儿园时不仅满口粤语，一句普通话都不会讲，而且每天重复着一句话："我要回家"。每到吃饭时间，她就紧闭嘴巴，说什么都不吃、不喝。笔者便建议婷婷的家长，每天中午吃饭时就把家里做好的饭菜送到幼儿园门卫室。起初，她也是半信半疑地看着眼前熟悉的餐具并不吃，后来我对她说："这是婷婷的碗，跟幼儿园的碗不一样，幼儿园的碗没有花纹，婷婷的碗真漂亮。你看，这是什么颜色呀？"婷婷终于开始用白话回答说："是粉色"。趁她转移注意力时，我就一勺一勺地喂给她吃。两周后，我建议家长不要再送饭了，把餐具留在幼儿园用即可。谁知，婷婷看到碗里的菜好像不太对劲，就是不吃，只好又请她家人再次送饭。大概过了一个月，婷婷来幼儿园时哭得没有以前频繁，也愿意吃幼儿园的饭菜了。当然，前提是早晨入园从妈妈手里接过来的一定是我，因为她在这里能找到妈妈般的爱。

（四）"身教"重于"言教"

幼儿园一线教师最喜欢"说教"的教育方法，这种方法对于年龄大的孩子或许多少有一些效果，但是对于懵懂期的孩子来讲不仅没有正面作用反而有负面影响。回忆我自己小时候，我妈妈经常是采取说教的方法对待我的顽皮行为，有时还动不动给吃"笋子炒肉"（用竹条打）。我为了不被打，不得不撒谎。其实，对于越小的孩子，成人更应该用直观、夸张的具体行动来"教"孩子。

案例4：老师，饭菜打翻了

孩子在用餐时，即使大、中班的小朋友也常不小心打翻桌上的饭菜，懵懂期的孩子就更是频繁了。老师常一边忙着收拾桌面、地面，一边苦口婆心地对孩子说："宝贝，以后要小心一点。"可一转身，又有孩子打翻了，难免有些无奈。其实，有一个比这更好的办法，就是"身教"。笔者在方便孩子行走的地方，创设了"自我服务区"，将擦桌子、椅子、地面的毛巾分别挂在适合孩子取放的高度，并配有让孩子一看就明白的照片标识。然后手把手地教孩子具体的操作方法。一个月后，很多孩子都学会了收拾不慎打翻的饭菜。潜移默化中，孩子们也逐渐减少了"不慎"，因为其中孩子们自己的和相互之间的教育与提醒，远优于教师的"说教"。久而久之，用餐的环境从以往嘈杂、喧闹变得温馨、舒适。

第 四 章

无意识反抗期孩子只要有集体归属感，就会在引导性环境中内化规则

然后是学习为无意识反抗期孩子建立常规的方法。

幼儿时期的孩子或迟或早都会步入无意识的反抗期，要实现正确引导，使之健康向上，最有效的方式就是增强孩子们的集体归属感。

一、确定班集体认同的目标是归属感建立的基础

人是一种感情动物，幼儿在感情上需要一个温馨的港湾，即情感的归属。幼儿在家庭里具有天然的归属感，但当他们来到幼儿园，面对陌生的摆设、陌生的同伴、陌生的老师时，何谈归属感？因此，确定班集体认同的目标必须包括"归属感"。"归属感"目标是，幼儿与其家庭成员在所处的环境（家庭、住宅区、幼儿园），应允许并支持幼儿有着更广泛的社会联系；使幼儿知道在现实社会中亦有自己的一席之地；使他们对日常生活、秩序感到适应，懂得行为好坏的相关界限。同时，班集体认同的目标应建立在爱和关怀的基础上，努力使孩子将幼儿园一日活动中的集体目标内化为常规。

（一）实施亲情效应，建立幼儿的归属感

幼儿对父母有深厚的依恋感，这是因为亲情效应的存在。由此启发了我们，班级应当借鉴亲情效应，让幼儿感受到母亲般的温暖，进而逐步转移幼儿对父母的依恋，增强对集体的归属感。幼儿在班级里遇到困难时，渴望得到老师的关注和安抚，但是，很多老师总是斥责和批评幼儿，久而久之，他们便失去安全感，班级也很难成为幼儿情感上的归属，甚至逐渐厌倦上幼儿园，由一开始来园时哭闹，继而逐渐变得沉默寡言。

为了避免或改变这种状况，老师应该在幼儿刚入园的那段时间，经常活动在幼儿的周围，细心关注幼儿的饮食起居，用爱心和耐心去接纳和理解他们的行为。如静静在幼儿园吃饭时，总是吃不了几口就开始呕吐。老师跟她妈妈交流后得知，静静在家只是偶尔才会出现这种情况，但在幼儿园发生的频率却非常高。于是，老师开始每天陪她吃饭，静静经常忍不住会吐在老师的身上，她总是怯生生地看着老师，老师总是微笑地对静静说："没关系的，老师把它擦干净就可以了。"仍然陪着她一边吃饭一边聊天，以此来缓解她吃饭时莫名的紧张心理。这样过了一段时间，静静吃饭时呕吐的几率越来越小，到后来呕吐现象彻底消失。静静回家经常对妈妈说：

"我的老师很爱我，我不小心把饭吐在她的身上，她还对我笑嘻嘻的。"在以后的周末里，老师还常常在电话里听到静静甜美的问候声。可见，老师慈母般的关爱能让幼儿越来越放松，促进其归属感的形成。

其次，老师每天应拥抱每一个幼儿。曾有教育家说过：一个孩子一天需要四次拥抱，才能存活；八次拥抱才能维持；十六次拥抱才能成长。可见拥抱对幼儿有多么重要。幼儿情感表达的方式简单而直接，对他们来说，最好的表达爱他们的方式就是去拥抱他们。通过亲一亲、抱一抱，告诉他们你有多么喜欢他们，他们就能够感受到老师对自己的爱，并且会给予回报。研究显示，婴幼儿时期缺乏拥抱者爱哭、易生病，情绪易烦躁，有的还会有恋物癖；而经常被触摸和被拥抱者，其心理素质要比缺少这些感受的幼儿健康得多。因此，班级老师除了随时拥抱幼儿以外，还应创设拥抱每个幼儿的特定机会，如来园、离园时，幼儿午睡前后，幼儿获得成功体验时，幼儿久病回到班级时等。老师的拥抱能大大减轻幼儿的压力，并能较好地促进幼儿归属感的建立。

（二）服从集体，不是服从老师

服从是一种素质，是任何一个团队里的人必须具备的素质。幼儿年龄小，这种素质的培养是漫长而隐性的。培养幼儿的集体观念，就是要让幼儿懂得自己生活在一个集体之中，不仅有发表意见和选择的权利，而且还有服从和维护集体的义务。此外，还要让幼儿懂得自己的利益与集体的利益是相联系的，损害了集体的利益也就是损害了自己的利益。当然，老师不可能把这些大道理讲给他们听，但可以把这些道理和他们的生活结合起来，让他们从生活中、从一件件小事中领悟到这些道理。因此，老师要努力改变过去"幼儿要服从老师"的观点和做法，努力营造"服从集体"的氛围，养成和幼儿一起商讨与制定规则的习惯。

案例1：老师，他总是打扰我

在语言学习活动中，洋洋寻找机会和豆豆说话，豆豆没有理睬他，洋洋又拍了拍豆豆的肩膀，豆豆生气地告状："老师，他总是打扰我。"洋洋立刻停手，胆怯地斜视着老师，老师只是用眼神暗示他们"此刻停止这一举动"。学习活动结束后，老师和孩子坐在一起，围绕"当别人津津有味地参与学习活动或专心地做着某件事情的时候，我们应不应该打扰别人？为什么不应该打扰"，让孩子们展开了热烈的讨论，讨论的结果是：不应该打扰别人，因为被打扰了就听不清别人说了些什么，不能很专注地把事情做好，还会觉得很烦躁。老师接着引导：那被打扰的那个人在大家都很认真地做事或听课时大声告状，算不算打扰，应该怎么办？孩子们讨论的结果是：不应该告状，因为告状时会打断老师讲课或干扰别人做事情，如果被打扰了，可以瞪对方一眼，对他皱眉头，不要理他或者换一个座位，使对方感觉没有意思了也就不会再打扰了。这个例子告诉我们，当孩子还没有养成良好的倾听习惯时，自控能力相对比较弱，此时更加需要老师耐心引导，抓住日常生活中的教育契机，对孩子进行养成教育，促进良好常规的形成。

案例2：如何改变集体喝水长时间等待的现象

孩子小，对于"水对人体的重要性"认识不清晰，往往不能主动地、有意识地喝水。大多数班级里，孩子多、饮水机少，喝水都要靠老师提醒，便形成了集体喝水时较长时间排队和等待的局面。为了解决这一问题，老师不仅要开展一次关于"水与生命"的主题活动，而且还要多次与孩子展开讨论：怎样解决喝水排长队的问题。通过几次讨论，得出的结果是：先做完事情的人先去喝水，后做完事情的人后去喝水，就不用排长队了，或者自己从家里带水壶到幼儿园。老师又接着问："那有什么办法让每个人都自觉地喝水，不用老师提醒呢？"得出的结果是：我们做很多提醒喝水的牌子，放在不同的位置，大家看见了就自己去喝水，也可以相互提醒。老师还一边引导孩子看"一日活动流程火车图"一边问："在幼儿园的一天里，到底要喝几杯水好呢"。讨论的结果是：每个人最好能喝8杯水，并把"过渡环节喝水流程图"张贴在教室的显眼处，利用环境提醒幼儿主动喝水。这样的做法，既满足了听觉型孩子的需要又满足了视觉型孩子的需要。

案例3：老师，我不喜欢这里

琪琪是个非常害怕嘈杂的孩子。有一天，他走到老师跟前说："老师，我不喜欢这里，我想回家。"老师问他为什么，他说太吵了，吵得头晕。于是，老师请琪琪把想法告诉全体小朋友，请大家帮忙想办法。多次讨论的结果是：每个人在室内讲话时尽量小声一点，因为几十个人的声音同时出现就是噪音，每个人讲话的声音最好不要超过音乐的声音。由此有了一天里播放不同音乐的做法，如早餐时播放适合幼儿的抒情歌曲《妈妈的眼睛》、《虫儿飞》、《小白船》，分区活动时播放轻柔的钢琴曲，午餐时播放儿童古典音乐，午睡时播放催眠曲，律动时播放欢快的舞曲等。久而久之，幼儿明白了在户外时可以尽情玩耍甚至是疯闹和喧哗，一回到教室里就自觉地安静下来。

除此之外，家长群体也不例外。凡事要多与家长商量，并鼓励家长为班集体出谋划策。在本章后面将有详细的阐述。

同时，老师要理解当今大多独生子女与成人交往多，而与年龄相当的同伴交往

少的现状，鼓励家长利用周末带幼儿相互串门，让幼儿学做小客人或小主人，感受与同伴相处的喜怒哀乐；或节假日做个活动计划，或探望老人，或出去郊游，或组织体育活动培养幼儿的集体意识，尤其注重同伴间或家庭成员间的沟通，交流看法，形成一种平等、合作的氛围。当然，不一定要全部按幼儿的想法去做，目的在于加强培养幼儿的集体意识。一个有集体意识的孩子，就会有独立思考和自我约束的能力，日后不仅能很快地适应其他的集体生活，还能驾驭新的环境。

（三）没有私心的老师，让集体更安全、更舒适

在我们平常的带班中，老师看到漂亮的幼儿会情不自禁地亲亲抱抱；看见乖巧聪明的幼儿随口就夸"真聪明"；看见调皮捣蛋的幼儿张口就大声训斥。久而久之，幼儿间自然而然地产生了崇拜之心和厌恶之情，这实质是因为老师不自觉的"私心"所造成的。幼儿时期，个性品质开始萌芽并逐渐形成。这段时期幼儿的可塑性强，自我评价尚未建立，往往以家长、老师的评价来评价自己和同伴。家长、老师说好就是好，家长、老师说坏就是坏，而且相当敏感。若在这个时期对孩子施以正确的教育，好好引导，形成良好的个性、品质，对其一生都会有重要影响。相反，若在这个时期形成一些不良的个性品质或行为习惯，以后就很难纠正，严重者将会为今后的人生埋下祸根。消除老师"私心"的明智做法如下。

1. 老师多一些爱心，少一些功利心。不要将幼儿当作获取某种利益的工具或是取悦自己心情的砝码。要本着对幼儿的当下快乐和未来的幸福负责任的态度，一视同仁地对待每一个幼儿，不论漂亮、聪明、贫贱与否，让每个幼儿都能感受到老师的爱与温暖。温暖及同理心是增强幼儿安全感、舒适感的有效途径之一。

2. 老师要有一双善于发现的慧眼。用多元智能理论发现每个幼儿的闪光点，有助于老师消除"私心"。老师细心观察每一个幼儿的同时，养成便条随身带、幼儿趣事随笔记录的习惯，记录班级里谁和谁是好朋友，他们交往的时间有多长，哪些幼儿善于表演，哪些幼儿能说会道，哪些幼儿动作灵敏，哪些幼儿乐于助人等。

3. 老师还要加强自身的学习，用先进的教育理念指导教育行为，避免走入误区。如形成"幼儿身上有很多品质值得我们去学习"、"欣赏幼儿的扮演游戏"等价值观，学会原谅幼儿不可避免的失误或过错，真正做到"生气时不教育，教育时不生气"。

4. 老师将"宝贝，我爱你"常挂口中。老师如果能做到每天对每个幼儿说声"宝贝，我爱你"，老师就能养成随时都把幼儿挂在心中、随口对每个幼儿表达爱意的习惯，让每个幼儿感受到老师的爱，也能促使幼儿形成主动对老师和家人表达情感的习惯。

总之，每个幼儿都有得到肯定与尊重的权利与心理需要，不要因老师自己的"私心"而造成对幼儿哪怕是个别幼儿的伤害，要努力做到公平对待每一个幼儿，全面关心每一个幼儿，让每个幼儿都有机会成为最优秀的自己。

二、归属感的建立是内化规则的关键

归属感就是那种回到家的感觉，家里安全、放松，有关爱、认同、包容、和谐与温暖。幼儿有了归属感，才谈得上内化规则。内化规则是在思想观点上与他人的思想观点一致，自己所认同的新的思想、新的秩序感和自己原有的观点、信念有机地结合在一起，构成一个统一的态度体系。这种态度是持久的，并且成为自己人格的一部分。如幼儿在老师严格的监督下遵守集体规则，是"外化于形"的表现，长期受压抑的孩子的表现往往是：有老师在时还能遵守规则，没有老师在时就变本加厉地违反甚至破坏规则。只有幼儿在没有老师的监管下依然自觉地遵守集体规则时，才是"内化于心"的表现，也是孩子认同、顺化规则的结果。

（一）聚焦于关系，而不仅仅是生硬的规则

关系，即幼儿通过与人物、地点、事件相互作用来学习。随着幼儿的成长，同伴关系对于幼儿的健康认知和社会性的发展起着不可替代的作用。为强调其重要性，联合国教科文组织达成共识，将"学会交往"列为儿童教育的必要一环来加以明确。研究对人际交往关系施加影响的对策，使幼儿、教师和家长正确认识幼儿间的同伴关系，老师与幼儿间的关系，甚至是老师与家长之间的关系。有意识地关注和指导幼儿间的同伴关系，必然有助于促进幼儿良好社会性的发展；老师与幼儿间的关系真正能做到尊重和接纳，必将有益于幼儿的健康成长；老师与家长始终能保持平等和互助的关系，必将推动班集体文化的形成与发展。每个群体都需要规范约束。对大多数班级来说，规范就是由贴在墙面上的规则和教师提醒儿童控制行为的声音组成。然而，关注人际关系及激励共同学习兴趣的班级文化，为规范和管理奠定着并非统一而是不同的基调。教师为幼儿好奇心制定具有个性的计划并做出反应，鼓励幼儿相互学习，了解周围世界。加德纳的多元智能理论认为：智能是在某种社会或文化环境的价值标准下，个体用以解决自己遇到的真正难题或生产及创造出有效产品所需要的能力。基于此观点进行反思，我们不是要让幼儿适应标准或获取知识，而是要关注人及关系，让班级充满活力，不要过分强调安静和秩序。班级是幼儿的实验室，幼儿在这里既参与民主社会，又在学习规则、秩序和协调个人的愿望，同

时学会自己判断思考怎样落实和执行这些规则。

> **案例1：关于兔子的对话**
>
> 在不大不小的教室里，四周都是活动区域，区域里有丰富的材料，包括植物和小动物。杰杰把兔子笼搬到了桌子上，将一只兔子放在桌上，一只放在桌下，开始对话。
>
> 杰杰："你猜上面的兔子会对下面的兔子说什么？"
>
> 月月："不要把我们分开，我没有朋友啦。"
>
> 杰杰："不对，它们说我们暂时分开一下，等会再在一起。"
>
> 月月："为什么要暂时分开一下？"
>
> 杰杰手指桌下的兔子："因为这只兔子想自己待一会儿。"
>
> 月月："你说兔子有没有牙齿？"
>
> 杰杰："有的，我小时候就被兔子咬过手指，还出血了呢。"
>
> 月月："真的呀?! 兔子也咬人啊？"
>
> 杰杰："是呀，兔子还吃火腿肠呢。"
>
> ……
>
> 这时，又走来了两个小朋友说："杰杰，我们能和你一起看兔子吗？"杰杰说："当然可以啦!"

通过这个案例不难看出，幼儿在积极主动、快乐的学习氛围里做着自己想做的事情。幼儿与幼儿之间、幼儿与材料之间、幼儿与动物之间建立紧密的联系，老师与幼儿之间不仅是许可，更多的是认可和支持。幼儿在这种关爱、融洽、好奇的环境中更容易顺从规则。

> **案例2：我不想放假**
>
> 蝶蝶和叶叶从小班到中班一直是一对形影不离的好朋友，吃饭、睡觉、上厕所都是一块行动。"十一"国庆节要放七天长假，洁洁的妈妈决定提前请半天假带她回南京老家看望年迈的爷爷。
>
> 蝶蝶："我要走了，回南京老家。"
>
> 叶叶眼圈红红："去多久呀？"
>
> 蝶蝶："我也不知道，可能很快回来的。"
>
> 叶叶拉住蝶蝶的手："我不要你走。"
>
> 蝶蝶："不行的，我爷爷生病了，一定要去的，飞机票都买好了。"

叶叶哭了起来："那你什么时候回来？"

蝶蝶："妈妈，我们什么时候回来？"

蝶蝶妈妈："就几天的时间，很快的。"

叶叶："我舍不得你走。"

蝶蝶不说话，深情地看着叶叶。

叶叶："那你快点回来，好吗？"

蝶蝶点点头，与叶叶依依不舍地道别离开了。

见状，老师把叶叶抱在怀里，叶叶哭着说："为什么要放假？我不想放假。"

这个案例中，蝶蝶和叶叶是一对形影不离的好朋友，她们之间的感情既纯洁又深刻。同时，也反映出老师具有很强的同理心和认同感，默默地接纳孩子的想法，并用拥抱安抚孩子的情绪。

案例3：我来当导演

在戏剧游戏区的表演舞台里，十来个孩子围坐在一起，商量表演的内容。

海海："我来当导演吧？"

幼儿："那你说我们演什么？"

海海："让我想一想。"

幼儿："想了这么久，再想不出来就没有时间了。"

海海："嗯……"

奇奇："还是让我来当导演吧，我想好了。"

幼儿："你说，我们表演什么好？"

奇奇："演一个狮子和蛇的故事吧？"

幼儿："啊，狮子和蛇？真可怕！你快说说。"

奇奇开始讲述自己编的故事情节：在一个漆黑的森林里，有一个灌木丛，开满了鲜花，花里有条蛇在睡觉。这时候，一头狮子的脚步声吵醒了蛇，蛇生气地说："哼，你吵醒了我，我要一口把你吞下。"狮子吓得跑了起来，它往河边跑去，蛇一边追一边发出"嘶嘶"的声音。狮子跑不动了，就摘了一朵花，蛇看见这朵美丽的花，就没有吞掉狮子，乖乖地回家了。

说完，奇奇让大家挑选角色。其中五个孩子选择当花朵，一个孩子选择当蛇，还有两个孩子没有选择角色，不知道当什么好，也不愿意当狮子。奇奇说："那怎么表演，没有狮子就没有办法表演。"大家沉默了几秒钟，奇奇说："石头

剪刀布吧。"就这样，狮子产生了，大家在奇奇导演的编排下，愉快地玩着表演游戏。游戏结束后，老师引导大家要感谢两个孩子，一个是奇奇导演，一个是愿意演狮子的孩子，大家都抢着拥抱这两个孩子。

由此案例我们可以看到，班级里充满民主、平等的氛围和充满创意的学习环境，能增强幼儿判断思考相关规则和落实执行规则的能力。体现了幼儿间的密切联系，渗透着相互关爱。我们要相信幼儿有能力选择领头人，老师要注重相互合作、激励好奇心及表达欲的班级文化，而不仅仅是强调幼儿对规则的服从。同时，老师要在日常生活中，着力培养师生、生生之间亲密的伙伴关系，尽量避免脱离实际的求全责备以及制定刻板规则的做法。

（二）聚焦班级文化，打造引导性环境

班级文化虽然无声却能说话，一个充满浓厚文化气息的班级，不仅能营造良好的教育氛围，还能形成引导性环境，对幼儿的教育产生潜移默化的作用。皮亚杰认为"知识的获得是儿童主动探索和操纵环境的结果，学习是儿童进行发明与发现的过程"。他认为"教育的真正目的并非是增加儿童的知识，而是设置充满智慧刺激的环境，让儿童自行探索，主动学到知识。这意味着我们在教育中要注意发挥学生的主体性，不要把知识强行灌输给学生，相反，要设法向儿童呈现一些能够引起他们的兴趣、具有挑战性的材料，并允许儿童依靠自己的力量解决问题"。打造引导性环境可从以下几点着手。

1. 创设丰富的环境

环境包括物质和精神两方面。首先，老师的语言要加以调整，留下更多的空间给幼儿思考。如将"一味的表扬"调整为"真诚的感谢"。在过去，老师喜欢用"你真能干"、"你真棒"、"你真聪明"来肯定幼儿的努力，久而久之班级出现了幼儿为了获得表扬才努力表现自己的现象。实际上，当幼儿通过努力而完成某项工作时，老师可以这样说："我们真的很感谢你把积木摆得那么整齐"，或用肯定的语句："你把积木摆得这么整齐，真好"。同时，用微笑、拥抱、摸头、飞吻等动作表示对幼儿的感谢。

其次，要根据幼儿的年龄特点创设区域。如小班的孩子刚入园不久，缺乏安全感，区域应面积相对小，半开放式，以角色区为重点，氛围温馨而宽松。除了必须遵守的规则外，教师要避免给幼儿过多的限制和负担；中大班的区域要强调功能和作用，合理安排集体学习（全体幼儿）、小集体学习（1/2幼儿）、小组学习(1/4幼儿)和个别学习等多种学习方式，充分考虑哪些内容适合哪种学习方式，创设的环境是

否能较好地为各种学习方式提供便利。让幼儿身处一个充满刺激的学习环境，应成为教师创设班级环境时努力追求的一种境界和目标。一个理想的学习环境意味着幼儿拥有主动学习过程的可能，幼儿进入这样的环境，能感觉到这里是为他们准备的地方，他们每天都能在这里根据自己的兴趣、能力主动寻找他们需要的东西，做想做的事情，能有足够的时间和空间去探索，并有机会尝试自己解决一些问题。如在区域创设中，教师要在充分观察和了解幼儿的基础上，大胆地将幼儿不感兴趣的材料拿走，并将贴近幼儿生活、幼儿乐于探究的材料补充进来。

《纲要》指出：幼儿园教育应尊重幼儿身心发展的规律和学习特点，充分关注幼儿的经验，引导幼儿在生活和活动中生动、活泼、主动地学习。幼儿园教育应重视幼儿的个别差异，为每一个幼儿提供发挥潜能，并在已有水平上得到进一步发展的机会和条件。我借鉴了全国优秀班主任魏书生让每个学生管理班级事务的做法，自中班开始让每个幼儿自选一件相对固定的班级事务，天天坚持去做，如整理图书、搬椅子、洗碟子、整理玩具柜、照顾植物等。并让幼儿参与各种规则的制定，我们不仅希望幼儿能够遵守规则，更希望幼儿能够创造规则。如针对午睡醒来有快有慢的现象，引导幼儿进行讨论，讨论的结果是：醒来后如果到了下午2点钟，就可以悄悄起床，但是不能影响其他还在午睡的同伴。

再次，充分利用家长资源。《纲要》指出：幼儿园应与家庭、社会密切配合，共同为幼儿营造一个良好的成长环境。当今多数家长不仅有着高学历，而且十分重视早期教育，他们在工作之余也都乐于为班级贡献力量。如成立家长义工团队，其中有每周五下午给孩子们讲故事的"妈妈故事团"；每天有两名"家长助教"到班级与老师一起带班。"家长助教"怀着向老师学习和交流的心态，带着观察自己孩子与其他孩子的愿望，轮流体验做助教。这类由师生、家长共同创造的软性规则对幼儿的社会性发展起着积极的推动作用。

2. 关注用餐文化

饮食是人的第一需要，饮食行为中蕴涵着大量的行为规范方面的教育素材，我们完全可以通过用餐文化的营造规范幼儿的行为。

（1）用餐管理。班级教师和家长助教实行分桌管理，对幼儿提出"净、悦、俭"三字要求，逐步做到——"文明用餐、不挑食、不浪费"。如允许胃口欠佳的幼儿主动向老师提出少分配一些食物给自己的要求。又如要求每位幼儿用餐后都能清理干净自己的桌面，并把餐具送到指定地点放整齐。

（2）用餐音乐。每天早餐、中餐期间，生活老师播放轻音乐或适合学龄段孩子学唱的儿童歌曲，在愉悦身心促进食欲的同时也使幼儿领悟自己讲话的声音不要超

过音乐的音量。常听中外名曲能让幼儿耳濡目染，体会艺术的真谛，从而提高欣赏水平，培养爱乐情怀。

（3）园外文化。充分发挥班级家长委员会的作用，把幼儿园教育与家庭教育有效整合。可以将全班家长分成小组，每组有组名、口号和组长。学期初的家长会上，各组研究制订本学期园外活动的计划，目的是鼓励家长带幼儿走进大自然、走向社会。也鼓励幼儿相互串门，学习做小客人和小主人，创造让幼儿获得第一手交往经验的机会。

3. 一日生活皆课程文化

著名教育学家陶行知指出："全部的课程包括全部的生活，一切课程都是生活，一切生活都是课程"。生活中蕴含着取之不尽的教育资源，学习可以说是随时随地发生着，因此也要求幼儿园教师具备驾驭"一日活动皆课程"的能力。课程的内容来源于生活，它从生活而来，在生活中开展，也在生活中结束。生活既是教育的内容，又是教育的途径。课程的生活化要落实到生活的各个环节，我们不能只把正式的课程活动看作为幼儿的学习活动，而应该把一日生活各个环节都赋予教育意义，做到生活教育化，教育生活化。

首先，让幼儿参与一日活动的安排。大多数教师会用一日生活安排管理幼儿在园时间，并把各个环节编排成日程表。然而，促进幼儿发展的环境也包括让幼儿参与一日活动安排。如教师组织幼儿讨论"什么时间入园比较好？入园时怎样与人打招呼"等。如果幼儿理想中的入园时间与幼儿园的要求有差异，教师可更深层次地引导幼儿进行讨论。教师还应该养成充分尊重幼儿想法的习惯。如中班幼儿在"做计划"时，老师让先吃完早餐的幼儿把自己的名牌摆在"计划板"最想去的活动区域栏目里。这种方法试用了几天后，就有小朋友提出：我吃饭慢，好玩的地方总是玩不到。于是，又一次讨论开始了，大家商量的结果是：把全班幼儿分成5个小组，每个小组分别被安排在一周的五天里，每天老师对"被关注对象表格"里的幼儿进行重点关注，当日被关注对象在用早餐前先摆名牌，其他幼儿在餐后摆名牌。这样的结果不仅让幼儿很满意，而且体现了师生平等、教育公平等理念。皮亚杰的认知发展理论认为："儿童在相互讨论中，有机会去了解别人的想法，特别是当别人的想法与自己不同时，会激发思考"，同样特别的是，经过幼儿讨论过的环节有利于幼儿自觉地执行。

其次，积极形成幼儿的秩序感。何谓秩序感？即人类通过观察周围环境来预测规律的运动变化以确定接受的信息含义。教师在带班的过程中，时常看到有的幼儿做事情有板有眼、有始有终，有的幼儿则丢三落四、虎头蛇尾。这就是"秩序感"

差异性的体现。著名教育家蒙台梭利曾经说过：0~4岁是秩序感形成的关键期。美国社会心理学研究显示：3~6岁的孩子如果有着良好的生活秩序习惯，当他们6岁之后，在人际交往中会表现出自如与和谐。教师要努力减少不必要的过渡环节，避免随意改变一日活动计划。如减少过多的排队、集合和解散，多为幼儿提供一些好玩、可自由选择和不用收放的材料，同时在教室的显眼处张贴图文并茂的"一日活动流程"图，这些都对培养幼儿的秩序感具有辅助作用。

再次，重视培养幼儿的倾向性。心理倾向性是一个人进行活动的基本动力，反映了人对周围世界的态度与追求，决定着人对认识活动对象的趋向和选择。教师要思考：哪些生活环节有利于培养幼儿的倾向性，哪些环节只是为了方便老师自己，却损坏了幼儿持续探究和尝试的权利——如好奇心；教师尤其要明白，任何损害倾向性的教育都是不良教育，如不了解事实经过就训斥或责备幼儿等。

（三）真、善、美让幼儿感受到相互间的关爱

1.用不同形式的故事让幼儿理解爱

通常选取童话、寓言故事、成语故事等各种形式的故事。童话形象丰富，充满幻想，反映生活，有利于促进幼儿的思想性格的成长。童话故事里的主人翁受到坏人欺负时，幼儿都能表现出同情心，自发产生帮助他们的愿望，从中我们看到了孩子的善良和对爱的理解。例如，讲《白雪公主》的故事，当幼儿听说皇后要杀死白雪公主的时候，他们会为白雪公主担心，听到白雪公主死去时他们感到非常伤心；又如讲《卖火柴的小女孩》，小女孩的贫穷使幼儿产生了同情心，同时幼儿感受到祖母和小女孩之间的亲情，使他们对爱有了更深刻的理解。童话故事也使幼儿懂得了爱的种种方式。

成语故事、寓言故事的内容也十分丰富，蕴藏着丰富的知识和深刻的道理，它通过典型的形象、曲折的情节、生动优美的语言，让幼儿兴趣盎然，从中受到感染和教育，懂得什么是真善美，什么是假丑恶。如故事《扇枕温席》，讲述了古代一个名为黄香的孝子，他母亲早逝，是父亲一个人将他辛苦带大。在炎热的夏天，他用扇子扇凉席枕让父亲安睡，冬天他先钻进被窝温热被席再让父亲睡。他当魏郡太守时当地遭遇洪灾，他拿出自己的俸禄和家产救济灾民。这个故事简短，孩子易记易理解。幼儿从这个故事中看到了主人翁是怎样表达自己对父母的爱，进一步知道原来对他人的爱还需要表达出来，也初步理解了爱的表达方式。对幼儿而言，培养他们的爱心要根据其年龄特点，由近及远，由浅至深，从爱父母、爱小朋友、爱老师等做起。首先让幼儿萌发对父母的爱，这是爱心教育的起

点，因为父母是孩子最亲近的、接触最多的人。富有童趣和教育意义的故事有着强烈的感染力，我们可以多给幼儿讲一些关于孝道的故事，进一步激发他们爱父母的愿望。孩子的世界天真无邪，我们应该让一些优秀的故事伴随孩子一直到他们长大，使他们在不知不觉中理解爱，知道怎样去爱父母、爱亲人朋友，乃至爱他人、爱社会。

2. 一日活动中的关爱情感培养

学习作为幼儿一日活动的重要组成部分，它在积累和巩固幼儿感性经验、培养幼儿认知能力方面，有着十分重要的地位。一日活动中蕴藏着许多彼此关爱的机会，如幼儿相互帮忙把书包背到肩上；在早操中设计相互合作的操节；游戏时幼儿间的学习和交流；在用餐结束后幼儿将自己的桌面清理干净；在"我爱我家"的主题活动中制作"家族树"，了解家庭成员，懂得彼此间的关系；在"需要关心的人"的调查活动中知道每个人都需要被关心，一句问候、一件小礼物、一个动作都是一种关爱等。为了培养幼儿间的互助和关爱，可举办"我们都是好朋友"的晨会活动，增进与朋友之间的情感。在尝试交流谈话"愉快的事和不愉快的事"中，学会理解和宽容他人。还可挖掘故事、儿歌、歌曲等教材中的教育因素，在相关活动中进行渗透教育。在主题活动中，还应重视为幼儿创设一种环境和氛围，如墙上布置"好朋友"的画像，玩具橱里有好朋友交换玩的玩具，阅读角里有图书漂流，教室一角有"礼貌星"、"健康星"、"艺术星"等专栏，让每个幼儿展示独特的自己，同时也学会关注同伴，增进彼此间的了解和友谊。

关爱情感的培养不仅要晓之以理、动之以情，更要在日常的活动中让幼儿付诸行动。如每周一的劳动日，让幼儿为班级、为同伴做力所能及的服务，萌芽关爱意识。每天在"点名"环节中关注没有来园的同伴，引导幼儿关心生病的同伴，通过电话等进行了解或探望。鼓励幼儿在同伴遇到困难时，主动给予帮助。午睡起床时，让幼儿合作叠被子、搬床。玩角色游戏时，鼓励幼儿互相帮助和收拾玩具等。还可通过游戏让幼儿模仿关爱他人的技能，如"娃娃家"中"妈妈"学着照顾宝宝，在"小医院"里学习照顾"病人"，在"厨房"里招待"客人"等，使幼儿的关爱情感与意识不断增强。幼儿园和班级时时有教育，处处有教育，老师应善于捕捉随机教育的契机。如幼儿在练习走平衡桥时，相互搀扶、相互鼓励地过桥，老师在后面的活动中可将这一镜头再现，引发讨论以此来强化幼儿间的关爱行为。

总而言之，理解爱的情感培养，最终达成的是幼儿潜在的真善美素质的萌发，使其情商与智商同步协调发展，为他们一生的优秀行为与事业奠定基础。

三、要重视家园合作

《幼儿园教育指导纲要（试行）》指出，家庭是幼儿园重要的合作伙伴。应本着尊重、平等、合作的原则，争取家长的理解、支持和主动参与，并积极支持，帮助家长提高教育能力。家庭与幼儿园合作的方式多种多样，我们大致归纳一下家园合作的思路与创意。

（一）充分尊重家庭成员的独特性

一个家庭一般是由两代或三代人组成。家庭成员之间存在差异，也可能有文化学历高者不等于文化修养高的现实情况。由于他们长期生活在一起，相互影响，这样就会形成很多共同的东西，这就是所谓的家庭成员的共性。往往家庭成员对共性的认识较为清晰，但对于家庭成员当中的个性问题容易忽视。特别是父母，他们的思想比较稳定（这种稳定性也恰恰是人大脑的一种惰性使然），他们的潜意识里总希望孩子按照自己的意愿来发展，当然我们也希望这种理想化的意愿能成为现实，因为共性成分越多，这个家庭就越具稳定性。但实际上呢？由于家庭成员间的年龄、兴趣、工作环境、学习环境、社会阅历等差异性不可避免地存在，这些家庭成员间就往往会有一些不同的个性表现，我们该如何面对这个差异问题呢？是压制？还是容忍？我们都很清楚，尊重个性的发展是社会成熟的一个标志，家庭作为社会的组成部分，同样应该尊重个性的差异。这种尊重更多的是表现在父母与孩子之间，其中父母发挥着主导作用。

案例1：特别的丁丁

丁丁是个非常特别的男孩子。他的年龄和同伴相差无几，但他的语言表达能力、社会性和合群性欠佳。他从不与老师和同伴对视，喜欢在人群以外的地方走动或玩耍，喜欢爬高，喜欢往教室外面跑，喜欢去其他老师的办公室里寻找自己的小空间，然后很高兴地呆在那里。尤其喜欢各种形状的物品，如正方形的盒子、各种球、会转动的物体等，喜欢说英文，能熟记大量单词。还特别好哭，哭声极具穿透力。小班一年里，有时随地大小便，从来不在集体中停留片刻，也不在睡房午睡，要一边睡觉一边看动画片，每天午睡起床嚎哭不止。丁丁的妈妈是位全职妈妈，根据他妈妈的自我评价，是一位喜欢高度自由、无拘无束的妈妈；爸爸是位经济学者，一个人经营公司，没有聘请一位员工，全盘都由自己操作，但就是拒绝参与幼儿园一切活动，除了接送孩子上学一般不在教室里停留或在班集体中露面。

面对这样的孩子和家长，我们是这样做的。首先，老师引领全班成员接纳这个家庭的独特性。在第一次家长会，我们介绍了这个孩子的具体情况，向家长传递"全纳教育"的理念，使家长认同特殊孩子同样有着享受优质教育的权利，激发大家对丁丁及家庭产生同情心和包容心。同时，允许丁丁妈妈全程陪伴儿子上幼儿园，老师向园方为丁丁妈妈申请在园吃中饭（事先要求提供体检健康报告）的优待。对于丁丁其他特殊行为都给予认同和接纳。其次，在班级中发起"家长助教"（见所附相关资料）活动，家长们根据自己的时间自愿报名参加，每日保证有两名家长助教，丁丁妈妈在小班一年里几乎每天做助教，照顾和陪同丁丁。老师还为丁丁创设了适合他发展所需要的小区域，区域里有爸爸妈妈的照片，他时常把爸爸妈妈的照片贴来贴去。然后，每天安排两名幼儿在分区时间里，或照顾或陪伴或跟随丁丁，鼓励幼儿为丁丁献出爱心。久而久之丁丁脸上有了笑容，能够在集体中停留 15 分钟，在妈妈的提示下能与老师打招呼，能说一句完整的话，不再随地大小便，午睡也睡在睡房了，还能在妈妈的陪伴下与大家一起做早操。丁丁妈妈也多次为班级贡献教具玩具，在为班级提供丰富材料上做出了很多的贡献。渐渐地，丁丁爸爸偶尔也能在教室里待上片刻。显然，充分尊重家庭的独特性是一种与时俱进的人性化的做法，是每个老师应该做到的。

附相关资料：

5月份家长助教报名表

日　期	备　注	家长签名	日　期	备　注	家长签名
5月4日（周三）	青年节科技传播日		5月18日（周三）	国际博物馆日	
5月5日（周四）	全国碘缺乏病防治日		5月19日（周四）		
5月6日（周五）			5月20日（周五）	全国母乳喂养宣传日 中国学生营养日	
5月9日（周一）			5月23日（周一）		
5月10日（周二）			5月24日（周二）		
5月11日（周三）			5月25日（周三）		
5月12日（周四）	国际护士节		5月26日（周四）	世界向人体条件挑战日	
5月13日（周五）			5月27日（周五）		
5月16日（周一）			5月30日（周一）		
5月17日（周二）	世界电信日		5月31日（周二）	世界无烟日	

家长助教细则

1. 报名方式：每学期开学初，家长们在"家长园地"自愿填写来园助教的具体时间。中间如有变动，请主动与班级老师沟通或与其他家长调换时间。

2. 每学期每位孩子的爸爸或妈妈至少来园做助教 1 次，多则不限，也欢迎家庭其他成员参加。

3. 承担家长助教的家长，应提前上 www.sy288.com（右上角点击"家园互动"）查看"本周周计划安排表"，了解当日活动流程安排。

4. 每学期由班级老师向家长助教进行集体培训 1~2 次。

5. 家长助教须着休闲装、休闲鞋来园，并将统一的"家长助教制服"穿上。

6. 家长助教来到班级，请客观地观察全体孩子和自己的孩子，不妄加评说自己所见的其他孩子的情况。观察到孩子的不足时，请制定适合孩子发展的计划并与老师交流和完善，学习老师与孩子互动的方式，共同为全体孩子的全面发展努力。

7. 如遇节假日，家长助教应事先准备与节日相关的助教内容，如"劳动节"介绍不同的职业，"科技节"表演科学小实验，"地球日"传递环保知识等。

8. 家长助教要重点关注丁丁小朋友的生活起居及安全。

（二）投入时间和精力与家长建立联系

家长每日送孩子上幼儿园时，总要对孩子千叮咛万嘱咐：要听老师的话，不要调皮。这些话语背后隐藏着家长的担心，担心老师不喜欢自己的孩子，担心孩子在幼儿园闯祸等。幼儿园和教师创设一种相互尊重和信任的关系，不仅可以消除家长的顾虑，而且能促进幼儿园与家庭更好地衔接。关系总是双向的，老师如何展示自己，如何让幼儿和家庭更加了解自己，如何让幼儿和家长向自己敞开心扉呢？这就需要老师投入时间和精力与家长建立联系，除了充分运用网络、电话等方式与家长保持联系以外，还可以这样做。

1. 建立《家园联系本》。这是幼儿园与家庭间便捷的书面交流的重要方式，家长和老师可在当日交流疑惑或对某个事件的看法，本子由幼儿每天带在书包里双向传递给老师和家长。为了保证这个本子的持续使用功能，老师不仅要提高自身的专业性，面对家长提出的各种问题给予专业的回复，还要加强自身对每个幼儿的全面了解，保证与家长书面交流时传递正确的信息，尽力避免观点的表面性、片面性和模棱两可。老师也要重视培养幼儿自己管理本子的习惯和能力，提醒幼儿每天在固定的时间取放于指定的地方。对于幼儿在家庭里表现的"闪光点"，教师要及时给予文字或符号形式的鼓励，让幼儿每天对这个本子也充满期待。

2. 鼓励家长开展小组活动。 老师将全班家长按住址或职业分成若干小组，各组由家长委员会成员担任组长和副组长。在家长会议上，设计"开展小组活动"的脑力激荡环节，鼓励各个小组的家长群策群力，策划本学期的活动，并派代表交流。在每次活动后分享照片、分享见闻等。

3. 精心筹划家长会议。 家长会显然是幼儿园与家庭面对面沟通的重要方式之一。许多幼儿园每学期召开 1~2 次家长会，传统的家长会大都是听讲座或听园长、班级老师讲学期工作重点变成教师的"一言堂"，老师一股脑地讲述很多内容，而家长只是长时间地坐着听，状态完全是被动的。家长会上，老师固然是一个组织者、引导者，老师的作用不能忽视，但是光靠教师一个人讲并不是真正的家长会，老师更应该起到"穿针引线"的主导作用。我们可以采用"体验式"的形式召开家长会，打破传统模式，能有效克服"一言堂"的单调乏味，充分调动家长的主动性、积极性，进而能让家长全身心地投入到家长会中，令家长会取得事半功倍的成效。何谓体验式的家长会？不是你说我听而是沟通互动，不是单纯用耳而是充分用心，不是一人会而是全体会，不是倚重智商而是以情商启动智商，充分体现现代教育的理念。我们不妨以案例见识一下"体验式的家长会"。

案例 2："因您而精彩"小班主题家长会议

1. 播放每个家庭成员的照片，包括祖父母辈在内。这是彼此认识和熟悉的过程，这个环节会为家长会带来温馨、快乐、幸福的感受。

2. 引领家长观赏数字故事《我们能拥有孩子多少年》。当今家长的生活节奏快，工作繁忙，很多时候忽略了孩子的成长，这个具有警醒作用的故事的播放能让很多家长顿悟：孩子的童年一去不复返，我们却差点在忙中错过！播放时，教室里要营造幽暗、宁静的氛围，让家长集中精力。

3. 分小组讨论。老师将在会议筹备阶段调查到的家长感兴趣的话题或班级目前存在的问题列出，每组选择一个题目进行讨论。如，小班幼儿的年龄特点有哪些，此阶段的重点是什么，怎样提高幼儿的生活自理能力，怎样增强幼儿的体质，面对爱打人的孩子，我们该怎么看待和对待等。每个小组派代表上台分享，并融入班级文化。

4. 引领家长观赏数字故事《发现美》。这个故事涵盖了很多人生态度和为人处世方法，能为日后大家彼此欣赏、相互宽容、和睦相处奠定坚实的基础。也可以将绘本《石头汤》做成数字故事片，从中感悟"众人拾柴火焰高"的道理，激发家长用大爱精神为班级出谋划策。

案例3："领袖之风采"中班主题家长会议

1. 引入。以游戏"丢手绢"引入"体验式"。告诉家长，只要你进入班级的家长会，就要让自己的年龄倒退几十年，现在大家都是一群四五岁的孩子，请大家放松心情，玩玩这个并不陌生的"丢手绢"游戏。在玩游戏时，如果班级场地比较小，家长围成圆圈时可以面朝圈外，让丢手绢的人在圈内跑，这也是来自家长的创意。待丢手绢游戏结束时，老师可以趁机对家长们说："刚才大家玩得都挺开心，可以想象，我们的孩子该有多么喜欢游戏，然而我们家长又和孩子玩过多少次游戏呢？游戏是孩子的基本生活方式，老师和家长都应该寓教育于游戏中，让孩子健康发展。"此环节不仅活跃了现场气氛，而且启迪着家长要多以游戏方式与孩子相处。

2. 分组。请家长快速地按组别（小班入园时就分好四组）坐成四个圈，由各组组长清点人数（事先将组牌"苹果组"、"草莓组"、"香蕉组"、"荔枝组"分别放在指定的地方）。此时，也许会有个别家长找不到自己的组织，这时，老师可以幽默地引导家长说："是什么原因使您到目前为止还不知道自己的组织在哪里？该组的组长对于这位爸爸（或妈妈）少做了些什么？我们在今后的日子里该如何改善呢？"

3. 介绍。介绍插班生（或者新老师）。这个环节既要让新生家长（或老师）感到备受重视，也要顾及老生家长的感受，把握好分寸。

4. 考验。首先是设计环节。老师可简短地阐述当今社会精诚团结、乐于奉献的团队精神的重要性，进而说明为了凝聚大家的力量，更好地发展孩子，我们家长要以身作则，各团队之间要进行一些考验团队精神的比赛。现在我们就是四个小团队，每个团队首先要选出一名队长，这个队长可以不是原来的组长，其次依靠大家的创意讨论出队名和口号，设计出团徽（团徽要有寓意），最后集体讨论并写下该团队将为班级做出哪方面的贡献，将组织孩子去什么地方开展"亲子活动"。这些都要在大白纸上体现，时间5~8分钟。并请每个团队代表轮流上台展示，其他团队认真聆听并给予评分来活跃现场气氛。

其次是画树环节。请每个团队共同"画树"。画什么形状的树都可以，数量也不定。唯一的规则是每个人都要动笔画，只有4分钟，并用同样的方法进行展示。此环节将引发家长思考体验他人的多元智能：有的会理财、有的善交际、有的能说会道、有的别有内秀。从而悟及我们的孩子也不例外，应尊重孩子的个体差异，人各有长，切莫拿自己孩子的缺点去比别人孩子的优点，切勿伤害孩子的

自尊。

　　然后是问答环节。问答题"如果你陪孩子在马路上散步或走路，你认为可以做些什么事情"，请每个团队把所思所想写在大白纸上，时间是4分钟，以同样的方法进行展示。引发家长思考：生活处处都是教育，处处都是课本，就看家长真正能付出多少时间和精力给孩子。孩子除了上幼儿园的时间，还有很多时间是与家人相处的，我们只要做个有心人，付出多少就会收获多少，甚至往往事半功倍。

　　最后是家长配合事项环节。请各团队将每天、每周、每月、每学期要配合的事项用5分钟时间写下来，以同样的方法进行展示。待家长展示后，教师再带领家长重温家园配合事项，引导家长明了哪些事项配合得不错，哪些事项配合得还不够。在这一环节里，有的家长平时因忙于工作很少陪伴孩子，对园方要求配合的事项一无所知而感到惭愧；有的家长因每天亲自接送孩子对园方配合事项了如指掌而沾沾自喜……在这强烈的对比互动中，家长教育着家长，令家长深刻感受到配合幼儿园的工作理应义不容辞。这时也可插入表彰环节，家长委员会是班级的核心力量，长期以来为幼儿园和班级做了大量的工作，借此机会在全体家长面前表彰家长委员会成员，这样也能激发他们更加热情地支持幼儿园的各项工作。

　　会议结束之际，家长一个搭着一个的肩膀，跟随老师跳兔子舞，不仅能拉近彼此间的距离，而且能避免家长会"虎头蛇尾"草草结束的局面。

　　案例4："感恩的心，感谢有您"大班主题家长会议

　　1. 游戏"找朋友"。教师以简短的开场语引出家长会议主题"感恩的心、感谢有您"后，交代音乐游戏"找朋友"的方法和规则。如，家长的动作可以随意创编，但是要表达歌词的意思。规则是每一遍音乐都要换一个新朋友，不能重复等。

　　2. 报数游戏（背景音乐：《友谊地久天长》）。导语：在这近三年的时光里，我们共同走过了近1000个日子。当你们把孩子第一次交到我们手里的时候，他们有的拳打脚踢，有的号啕大哭，有的不停地在我们耳边唠叨"要妈妈，我要妈妈"，有的爬高爬低，有的在楼下捞鱼，有的随地大小便……面对这群足龄和差龄的孩子，我们诚惶诚恐、如履薄冰。1000多个日夜里，我们承担着无数来自领导、家长、社会，乃至自己给自己的压力。作为孩子的老师，我们没有理由不尽心尽力；作为家长的朋友，我们更没有理由不化压力为动力，把自己最大限度的爱心、耐心都付诸行动。久而久之，肩头的那份责任变得更加强烈。下面，邀请大家玩一个关于责任的报数游戏，在这个游戏当中体验那份沉甸甸的责任！

接着交代玩法和规则。家长站成一个大圆圈进行集体报数，单数的家长站在左边（为 A 队），双数的站在右边（为 B 队）。两队各推选一名女队长、一名男队长。具体玩法：A、B 队轮番进行报数比赛，裁判（教师）说"3、2、1 开始报数"，家长听到"报数"二字后才可以开始报数，抢报、漏报、错报为无效成绩，两队报数分别计时，输了的队由两位队长接受惩罚（第一轮做俯卧撑 10 个、第二轮做 20 个、第三轮做 40 个……），队长不参与报数。

游戏正式开始（裁判到位，一位发令，一位按秒表）。老师引导家长分析现场情况和对策。当大家看到队长被罚做俯卧撑时也许会发笑。老师不用刻意提醒，游戏继续。进行第二轮游戏时，给各队 1 分钟调整策略。游戏继续进行，老师提示家长：队长在艰难地做着俯卧撑，您作为团队里的一员，有什么样的感受呢。家长围成一个大半圆，邀请个别家长分享游戏感受。

嘉许环节（背景音乐：《感恩的心》）。家长围成一个大圆圈，教师给每位家长发一扎绿色丝带（数量与家长人数相等），告诉家长，"一会儿老师会念孩子的名字，请听到孩子名字的家长走向圆心，准备接受圈上家长的嘉许，圈上的家长要把您手中的绿丝带系在您要感谢的家长的手腕上，或眼镜上、衣服上、头发上"。教师把全体家长分成若干批，分别接受嘉许。在家长接受嘉许的过程中，教师还要把家长在日常中为幼儿园、为班级、为孩子们所做的点点滴滴都用生动的语言描述出来，营造浓浓的气氛。如，当人类在地球上出现，当我们在母体中孕育降临于世，当我们成长、成熟、成功时，我们接受了世间多少的恩赐，接受了多少人的关爱，接受了多少无形与有形的帮助。所以，我们感恩，我们感谢自然，感谢大地和阳光；感谢生我养我的父母；感谢朋友、兄长、姊妹以友爱亲情的帮助……让我们一起来嘉许他们的心直口快，嘉许他们的埋头苦干，嘉许他们的积极配合。再让我们温柔地端详眼前的这群人，细细品味他们身上朴实无华的品格。又如，让我们以同样的方式真诚地嘉许他们，让我们把近三年来的每一次感动化作真诚的嘉许，把您手里的绿丝带系在您要感谢的人的手腕上，或眼镜上、衣服上、头发上。嘉许他们的善解人意，嘉许他们的默默奉献，嘉许他们从不斤斤计较。

体验式的家长会，不仅营造了热烈的讨论、展示、分享、学习气氛，增强了凝聚力，增进了老师与家长之间、家长与家长之间的了解，而且还彰显着老师的智慧，折射着老师的教育观念和专业水平。

（三）发挥老师和家长的榜样作用

榜样力量能促进幼儿的发展。列宁说："榜样的力量是无穷的。"邓小平同志多次强调："身教重于言教。"现实中我们却往往容易忽视身教的作用。家长是孩子的第一任教师，幼儿园老师是孩子的启蒙教师，言传身教也起着举足轻重的作用，"身教"渗透于平常生活的点点滴滴、方方面面。孩子长大后出问题，一定程度上是父母种下的根源。孩子的成功与否，与父母对孩子的家庭教育是否正确息息相关。我们教孩子教的是人品和道德，是否把孩子的人品和道德教育好，是孩子一辈子成功与否的关键。只要他是被尊重的人物，他的一辈子就会活得特别顺利。我们可以想一下，我们是想让孩子做一个受欢迎的人，还是一个处处被防范的人？好多家长无形中都在教孩子小家子气，教孩子占便宜，教孩子怎样想办法超过别人，把别人踩在脚下。我们给孩子什么东西，孩子未来就是什么样的人。

为了培养孩子良好的人品与道德，需要老师和家长的引导，尤其需要我们的榜样作用。

1. 老师、家长、幼儿间常沟通。沟通时重要的是掌握一些常用句"3-2-1"。第一句"太好了"，第二句"我能行"，第三句"你有困难吗？让我来帮你"，这三句话有利于形成乐观的品质。会说两句协商的话：第一句"我可以和你一起玩吗"，第二句"你可以帮帮我吗"，这两句话有利于形成团结的氛围。会说一句感恩的话："谢谢你的帮助，我现在感到很幸福"。如果我们能将这句话常挂嘴边，幸福指数也会大大提高。

2. 教师、家长、幼儿间常分享。生活中的许多快乐，都是互相分享得来的，一个乐于分享的人更可能成为一个心胸宽广、极具智慧的人。教师可以向家长分享先进的教育观念和教育行为，为孩子未来的幸福人生播种健康的种子。教师要多向幼儿分享正确的行为，如：×××与人打招呼时眼睛会看对方；×××能耐心地等待别人把话讲完；×××收拾东西很仔细等。尤其是幼儿与幼儿间，每天应有一定的时间进行分享，如玩具分享、故事分享、自我发现分享、文学欣赏分享等。

3. 老师、家长、幼儿间常鼓励。俗话说，"良言一句三冬暖，恶言一声暑天寒"。无论是大人还是孩子都喜欢受到鼓励，尤其是孩子，鼓励会使他们更加健康地发展，而一句批评打击的话，则会让幼儿变得畏缩犹豫。作为教师，首先要看到孩子的进步，让孩子看到自身不断增长的智慧和力量。只要我们从孩子的实际出发，把孩子的今天和昨天进行对比，就不难发现他们在不断成长进步。不过，教师要慎用简单的表扬语句"你真棒"或"你真聪明"，而应该用肯定事实的话语给予幼儿鼓励，如，"你刚学画时，连笔都不会握，现在已经会画小人了"，"你编的故事真好听，老师还想听一遍"。孩子受到鼓励后，学习热情和思考探索的积极性就会增强。有意识、有事实的鼓励，不仅对幼儿良好学习行为的养成有着积极意义，而且潜移默化地影响幼儿习惯于用自信肯定的语气与同伴交往。

（四）加强家长义工队伍建设

在美国，学校的家长会组织称为"教师家长协会"，简称 PTA，这个组织成立于 1897 年，已有 100 多年历史，会员将近一千万人，其主要目的是促使家庭与学校建立更为密切的关系，促进儿童和青少年在家庭、学校、社会环境中的健康发展。其对于学校教育的发展，贡献极大。在美国的幼儿园里，经常可以看得到教室里有好几个成年人。不知道的人还以为是老师的助手，其实他们都是学生的家长，而且是没有任何报酬的义工家长。父母在幼儿园做义工，对孩子的归属感和认同感有良好的促进作用，有家园合一之效果。这种教育模式很值得我们思考和借鉴。

1. 教室中的家长助教。前面也有提到家长来幼儿园做"家长助教"的做法，她们有的帮忙照顾孩子们的生活，有的帮助老师布置幼儿作品，有的协助老师指导幼儿做活动，有的帮助老师做课前的准备和课后的收尾工作。教室中的家长助教是一道独特的风景线。

2. 教室中的妈妈故事团。妈妈故事团的成员来自全园各班的热心妈妈，她们自发成立，制定各种制度，在团长的带领下，自发开展丰富的活动。如每周五下午由"妈妈故事团"成员轮流给每个班级的孩子讲故事，每逢"读书节"，她们利用休息时间为孩子排练《白雪公主》、《老虎拔牙》、《三只小熊》等童话剧，深受孩子们的喜爱。

3. 教室中的家长督察员。他们应幼儿园邀请参与幼儿园的管理工作，协助幼儿园督查安全问题、资金管理问题和伙食管理等。他们以幼儿园的可持续发展、幼儿的健康发展为出发点，履行义务督查的责任。

4. 树立"做义工家长"很光荣的思想。除了做义工，他们还有许多机会与老师交流孩子的教育问题，有机会向老师学习适合孩子的教育方法，有机会横向或纵向观察自己孩子的发展现状，义工家长之间也有机会相互交流育儿经验和方法。显然，他们有理由骄傲。

事实上，家长到幼儿园和班级做义工，花很多时间为大家服务，这会使孩子意识到自己很重要，能提高孩子的自我价值观。家长作为义工来到幼儿园和孩子一起活动，会使孩子感到很高兴，促使孩子用新的眼光来看待家长，增进孩子与家长之间的亲密关系，丰富他们的情感世界。家长还能为孩子树立模仿的榜样。在与家长的互动中，孩子的社会交往能力进一步提高。家长不仅能惊喜地发现自己具备的一些潜能，从而更好地认识自身价值，而且能更深入地了解孩子所在的幼儿园。当义工家长身临其境参与教学活动时，他们能更好地理解老师的工作，更加尊敬老师，

也更愿意与老师合作。老师得到义工家长的帮助，能更好地理解幼儿的兴趣和爱好、优点和不足以及幼儿的家庭教育情况。与此同时，义工家长能够帮助老师完成日常的教学任务，使老师对幼儿进行个性化教育成为可能。总而言之，义工家长参与幼儿园的活动，能够使家园之间的关系变得更加和谐。

四、引领幼儿进行深层次的学习活动

老师引领幼儿进行深层次学习，就是要着眼于幼儿的强项，关注他们的角色扮演游戏、运动、建构和戏剧表演等学习活动，不断给幼儿以挑战。当然，创设一个充满刺激和挑战的学习环境是基础，在此基础上才能引导幼儿在现有水平上进一步得到发展。

案例1：搭高楼

中班的建构区里有6个孩子在搭高楼，他们搭了一座很高的楼以后，就开始打打闹闹不知所措。老师走过去创造了一个深层次学习的机会。

老师："你们搭的这座楼房叫什么名字？"

幼儿："妙妙酒楼。"

老师："你们的酒楼有几层？"

幼儿开始数了起来，并回答说："12层。"

老师："每一层都用了哪些形体的积木？"

幼儿七嘴八舌地说着圆柱体、正方体、半圆体。

老师："这些形体的积木各用了多少个？能不能用纸和笔画出来。"

于是，孩子们分别去拿纸和笔，认真地画了起来，一边画一边数，一边用别扭的数字标在旁边。

老师："你们等会儿能将自己画的东西与大家分享吗？"

幼儿："能。"

当6个孩子在搭好高楼以后，因无所事事而闹腾起来，老师此事的介入是适时和有效的。老师用富有挑战性的语言提升幼儿的兴趣，帮助幼儿把楼层与积木形体之间建立联系。这种策略为每个幼儿产生新行动架起了桥梁，激发了6人间的合作学习。

案例2：无聊的医生

在分区游戏结束时，老师像往常一样组织幼儿对自己在各个区域里工作的情况进行回顾，但与往常不同的是，老师有意识地引导幼儿认真倾听，并学习向同伴进行质疑。

老师显示刚才拍的照片：凯凯趴在小医院的沙发上。

老师："凯凯今天的计划是什么？"

回顾的幼儿："我今天的计划是去医院里当医生。"

老师："那你为什么要趴在沙发上呢？"

凯凯："因为没有病人呀。"

老师："没有病人时，你的心情是怎样的？"

凯凯："我觉得很无聊，不好玩。"

老师："对于凯凯这句'无聊，不好玩'，谁有问题要问呢？"

妞妞："那你为什么不去找个病人来看病？"

凯凯："找了谁都说没有病。"

齐齐："那你为什么不看看关于医生的图书，这样能更好看病。"

凯凯："医院里没有书呀。"

齐齐："假装看嘛。"

凯凯："太不好玩了。"

老师："医院里没有医学方面的书，怎么办？"

豆豆："我爸爸是医院的，我找爸爸去。"

彤彤："可以去书店里买。"

琳琳："可以让妈妈上网查。"

猪猪："我家有人体的书，我可以带来。"

老师："凯凯，下次遇到没有病人时，你会怎么办？"

凯凯："我会看看书，或者打扫卫生。"

　　幼儿园老师在日复一日的工作中，保持高度热情和与幼儿一起深层次学习的积极性，能确保幼儿深层次的发展。幼儿在学习活动中，通过"做计划——工作——整理——回顾"几个环节来实现自我价值和提升学习经验。教师在引导幼儿进行回顾时，采用师生共同向幼儿发起追问和引发讨论的策略，它不仅培养了幼儿的倾听能力，更拓展了幼儿的思维，激发了幼儿为集体贡献自己微薄力量的愿望。

案例3：幼儿爱音乐

又到律动和舞蹈时间了，孩子们自发地随音乐跳了起来，有趣的是他们自发地

站成了两横排，都把自己当成小老师，跳得眉飞色舞，还哼起了旋律和音调，他们对歌词记忆也特别快。对于歌曲的间奏，老师总是启发幼儿自己创编动作，并引导幼儿用语言表达感受。

幼儿园音乐教育并不一定要在音乐课上实施，在一日生活中渗透音乐教育是行之有效的方法。每日可在用餐、区域游戏、午睡、律动环节里播放不同风格的音乐，尤其是一些增添生活乐趣和活力的音乐，如《变妈妈》，《五只鸭子》、《樱桃小丸子》等。在一日过渡环节中，让幼儿处于富有生机的环境，用歌唱、手指游戏、韵律儿歌交流，不仅有助于培养幼儿活泼开朗的性格，而且能使一首歌变成一种教育资源。

五、班级老师要合理分工与合作

合作就是个人与个人、群体与群体之间为达到共同目的，彼此相互配合的一种联合行动方式。从目前幼儿园的现状来看，有的幼儿园是"两教一保"，有的幼儿园是"三教"，有的幼儿园是"三教一保"。无论该幼儿园的师生比例如何，都应该重视班级教师间的分工与合作。班级教师分工与合作是为了增进对自己分内事情的熟悉感，从而提高工作效率，积累有效经验，共同实现班集体目标的过程。这里提供

中班半日活动流程分工表

时间环节	培养目标	幼儿要求	教师行为
晨间活动 7:40—8:20	1. 养成早睡早起的习惯 2. 具备基本的礼貌行为 3. 条理清晰地完成自我服务事项，巩固良好的就餐、洗手等习惯 4. 平等的师生关系	1. 早晨来园（在家或在园喝第一杯水）尽量不迟于8:00（特殊事情除外），乐于与人打招呼 2. 幼儿直接去早锻炼场地，书包按地点摆放（大型玩具处摆花坛上、庭院处摆广播室墙边、大操场沙池处摆花坛上），早操结束后背书包随老师回班 3. 幼儿陆续将书包里的《家园联系本》、《幼儿心情本》和一套干净的衣服摆放在指定地方，做事情时不跪在地面上 4. 幼儿安静进入室内，说话的声音不超过音乐声音；洗手擦肥皂后搓洗15下，及时关水龙头	1. 主班老师带本子和笔，站在园门口记录孩子来园时间和主动问候情况（必要时） 2. 主班老师组织幼儿排队，配班老师关注需要帮助的幼儿并跟随队尾 3. 生活老师提前播放幼儿歌曲，幼儿入室前早餐准备就绪。主班老师巡视全面，并跟踪幼儿自我服务情况；副班老师关注幼儿洗手等自我服务情况 4. 用餐时，生活老师关注幼儿身体状况和情绪，每一张餐桌都有老师照顾

（续）

时间环节	培养目标	幼儿要求	教师行为
早餐＼自由活动 8:20—8:50	1. 促进幼儿间友好玩耍的行为 2. 提高幼儿的自主性	1. 先吃完的幼儿将自己的名牌摆放在个人想去的区域。礼貌句：我可以跟你一起玩吗等 2. 哪里拿的玩具能主动放回哪里，陆续喝第2杯水	1. 副班老师关注幼儿自由玩耍的情况，引导幼儿友好玩耍 2. 主班老师提前准备好学习材料，并就地等候幼儿；配班老师协助幼儿完成学习前相关准备；家长助教关注还未用餐完毕的孩子，生活老师用艺术的方法提醒幼儿喝水、小便
学习活动 8:50—10:20	1. 培养幼儿良好的学习习惯（如倾听和表达，为他人着想） 2. 鼓励幼儿向分享回顾的同伴质疑	1. 知道不随意打扰同伴，如果迟到，会轻轻地从别人后面绕道行走 2. 做计划前，知道先来的先往里就座，把方便让给别人；做计划时，耐心倾听当日被关注幼儿的想法 3. 工作前，当日被关注的幼儿先离开；工作时主班老师跟踪观察当日被关注幼儿（作品、拍照等） 4. 回顾前，提醒当日被关注幼儿完成笔头回顾记录表；回顾时勇于向同伴质疑	1. 主班老师做计划不超过15分钟，上课的小组先离开集体再做计划；每个老师在幼儿收玩具后提醒喝第3杯水（9点50分结束，准备回顾） 2. 主班老师将拍的照片输入电脑并打开电教设备
吃水果 10:20—10:30	1. 知道水果有利于身体健康 2. 喜欢团体律动游戏，乐于用肢体动作表现对音乐的理解	1. 洗手时按程序进行 2. 知道律动是户外活动前的热身运动 3. 敢于向老师要求放自己喜欢的舞曲，并能理解"少数服从多数"的道理	1. 生活老师在幼儿回顾时去准备水果 2. 幼儿吃水果时，主班老师老师根据幼儿的需要放律动音乐，鼓励幼儿一起做律动（突出感受）
户外活动 10:30—11:05	1. 喜欢体育运动，动作协调，每周有所提高 2. 培养收拾物品的能力 3. 增强节约用水、用纸的意识	1. 户外活动前主动小便、喝水、脱下的衣服能叠放于椅子上（冬季做法）。运动中如果身体不适，会主动告知老师 2. 知道自己前些天生病（个别幼儿）不能参加剧烈运动的道理	1. 副班老师组织幼儿排队，主班和生活老师提醒幼儿喝水、小便、脱衣服；家长助教在队伍中间 2. 生活老师将体质弱的幼儿和特殊幼儿带在自己的身边

（续）

时间环节	培养目标	幼儿要求	教师行为
户外活动 10:30—11:05	4. 鼓励幼儿相互帮助	3. 知道回班前要将手洗干净，有讲卫生的愿望，同时明白在户外洗手不用纸巾擦手（甩干）是环保的行为 4. 熟记此时要完成铺床工作，遇到困难会找同伴帮助	3. 5～10分钟集体学习某一动作技能，然后由幼儿决定玩什么、怎么玩 4. 体育活动结束后组织幼儿在小剧场门口洗手，并带领幼儿玩手指游戏或沿路观察，顺便将水拍干 5. 副班老师协助幼儿取被褥，主班老师在阳台就座等候幼儿文学欣赏，生活老师餐前准备
文学欣赏 11:05—11:30	1. 培养幼儿对文学作品的兴趣 2. 丰富幼儿的情感	1. 户外活动回到班级，先换衣服或垫汗巾，然后喝水、小便，再铺床，最后就座于指定位置 2. 不随意打扰他人，并能照顾后来的幼儿（留出通道）	1. 生活老师重点关注幼儿换衣服情况，副班老师观察幼儿铺床的方法，家长助教督促幼儿喝水。衣服换好后生活老师消毒桌面，家长助教协助副班指导幼儿铺床 2. 主班老师按计划逐本欣赏文学作品，如《丑小鸭》、《卖火柴的小女孩》、《白雪公主》等
午餐及自由活动 11:30—12:30	1. 巩固良好的用餐习惯，尽量不挑食 2. 幼儿会根据自己情况决定用餐量，懂得节约粮食的道理 3. 努力完成餐后系列工作	1. 洗手时要搓15下，节约用水 2. 吃饭慢的幼儿明白讲话会影响吃饭的进度 3. 保持桌面、地面、衣服干净，知道自己是中班哥哥姐姐了 4. 用餐结束后愿意跟老师去散步 5. 餐后工作：收餐具、搬椅子、漱口擦嘴巴，完成区域笔头回顾记录表	1. 副班老师在11点30先去食堂端饭，就座在指定位置，提醒幼儿完成"区域学习记录表"，引导幼儿搬椅子和取玩具；主班老师在11点35后端饭并坐在放餐具柜旁指导幼儿完成餐后工作；生活老师照顾全面，并在12点15去食堂用餐 2. 副班老师带幼儿散步，主班老师营造午睡环境，生活老师帮助特殊幼儿洗手、洗脸、小便、上床，再收拾桌面；家长助教照顾幼儿如厕

（续）

时间环节	培养目标	幼儿要求	教师行为
午睡 12:30—14:30	1. 有为同伴分担的愿望 2. 学习并逐渐熟练叠放衣服等物品的方法	1. 知道要将脱下的衣物摆放整齐后才离开座位 2. 知道醒来后轻轻起床做事情，不因自己的冒失而吵醒同伴	1. 值班老师兼顾内室、外室幼儿的午睡情况，接班老师负责批阅《家园联系本》；醒得早的幼儿（14点后）可以陆续起床，安静地完成个人物品整理工作 2. 副班老师坐在阳台门口，对于每个离开座位的幼儿都要观察其衣物摆放情况，并给予鼓励和肯定；主班老师关注全体幼儿及需要特别帮助的幼儿

一份比较详细的"半日活动流程分工表"，供大家参考。

总之，引导性班级环境包括丰富的班级文化、家长队伍和教师队伍的活动等。教师在安排一日活动和教学策略时要符合幼儿的自然节奏，要减少一切催促幼儿的行为，教师要放慢脚步观察幼儿的表现。幼儿远比我们想象的要好，规则定好后，他们完全有管理自己的能力，我们需要放手信任他们。尽管我们每天都陪伴在他们的身边，但当规则真正被幼儿内化后，幼儿就能进行自我管理。而这种自我管理的能力，是成长路上非常重要的素质。

3~6岁的孩童时代无疑是人生的关键期，一个班30个或更多的孩子，生活的管理、生理的发育和安全的管理都是头等任务，成长期又遇上第一个叛逆期：无意识的叛逆期，我们必须着眼于"看大"、"看老"，着眼于未来实施教育，让孩子得以快乐成长，让其真善美的优良素质得以发展。创设优良的引导性班级环境的实践证明，有了集体归属感并内化了规则的孩子，将迸发无可限量的智商、情商与逆商的潜质，安然地度过第一个叛逆期，从而更健康更优秀更自信地跨入下一个人生的新阶段。

第 五 章

有意识反抗期孩子只要有集体荣誉感，就会在自主环境中掌握规则建立的方法

最后是学习为有意识反抗期的孩子建立常规的方法。

意识，在心理学中定义为人所特有的一种对客观现实的高级心理反应形式。意识是人脑的机能，是客观存在的主观映象——换句话说，就是思考并觉知我们自己的存在。

结合意识的含义，再根据五岁到六岁孩子的特点，我们把进入大班的孩子归纳为有意识反抗期的孩子。这个年龄阶段的孩子具有独特的心理特点，他们的自我意识有了明显的发展，具备了更多的主观能动性。语言表达与思维到达了一个新的水平，他们能用完整、连贯的句子进行表达，有着相对丰富的词汇量，顺向思维与逆向思维同时存在。他们有了独立的人格，渴望被爱，喜欢被肯定、被尊重。正是因为这个年龄段孩子的这些心理特点存在，所以他们的叛逆行为往往都是在有意识状态下产生。

在这一章节中，我们要引导有意识叛逆期的孩子感受个人在集体里的荣誉感，以及集体在大集体里的荣誉感。也就是说，我们要让孩子知道"我为班级……"到"我们使得班级……"的过程。其中还包括分工意识等教育。有了这个基础就可以教育孩子打造民主自主的规则，即只要是集体通过的决定，就算不同意也要全力支持。

一、建立个人和集体荣誉感的方法

（一）首先是让孩子觉得自己在集体里是有用的人

1. 认识什么是集体，知道自己在集体当中是个有用的人

（1）感知集体

要建立集体荣誉感，首先应该让孩子认识什么是集体，只有认识集体，知道了自己跟集体的关系，才能更好地帮助孩子建立起集体荣誉感。那么究竟什么是集体呢？老师的心中首先要有一个明确的定义，我翻阅了一些资料，并结合我的观点，整合如下：集体就是许多人合起来的有组织的整体，它跟"个人"相对。集体中的成员之间不仅有着共同的目标、共同的利益和共同的活动，而且成员之间建立有稳定合作和相互友爱的关系。人是社会的人，必须在集体中生存和发展。应当适当限制个人的一些欲望和行为。换句话说，就是个人在思考、行动的时候应当顾及某些集体的规则。

我把这些内容融入幼儿教育教学当中，通过一周的活动，帮助孩子初步感知

"集体"的含义。以下就是我制定的一周计划。

第一周活动计划

星期＼内容	星期一	星期二	星期三	星期四	星期五
周重点	1. 初步感知"集体"的含义，知道集体是由许多个人组成的。 2. 对自己是集体的一分子有所感受。				
学习活动	谈话：我们升大班啦 集体活动：综合：我们都是大四班的小朋友 歌曲欣赏：我们是一家人 棋类游戏：围棋、飞行棋、四子棋	谈话：大四班的教室人人爱 区域活动： 1. 生活：我们一起来 2. 电脑游戏：智力大闯关 乐曲欣赏：协奏曲 结构游戏：小动物的家（1）	谈话：大四班教室的进门墙 集体活动： 1. 语言：美丽的森林 2. 歌曲：我们是一家人 故事欣赏：美丽的羊村 健脑游戏：菱形拼板、陀螺、魔术月亮等	谈话：这朵花我喜欢 分组活动：美工：我像花儿一样 动画欣赏：喜洋洋 感统游戏：解救团队	谈话：我们的教室 集体活动： 1. 分享：大四班变美丽了 2. 分享阅读：好朋友 图画欣赏：美丽教室留影 表演游戏：小熊请客（1）
户外活动	1. 器械活动：大型器械、羊角球、平衡板、拱形门、跳绳。 2. 集体活动：早操、小小救生队。				
生活活动	1. 了解值日生的职责，喜欢当值日生。 2. 能和小朋友一起收放床铺。				
家长工作	我们都知道个人从属于集体，我们的社会就是一个大集体，我们的生活离不开集体。可见，集体在我们的生活中是多么的重要。孩子是班级的一部分，他从属于班集体。本周，我们将围绕"认识集体"开展一系列的活动，希望通过各种形式的活动，帮助孩子初步感知"集体"的含义，知道集体是由许多个人组合成的，对自己是集体的一分子有所感受。我们希望您在家里跟孩子一起完成： 1. 帮助孩子感受家也是个集体，爸爸、妈妈、宝宝这些个体组合起来，就是家。 2. 引导孩子发现他在班级里的作用。（用正面的语言引导） 我们相信，有了您的参与，活动将更加精彩，孩子将有真正意义上的成长。				
备注	班级QQ群：××××××				

现在我来解释一下每一个活动安排的用意。周一是一个综合活动，在这个活动中，我们需要帮助孩子感受到自己和同伴升大班了，原来中四班的每一个人都长大一岁，所以，中四班成了大四班。帮助孩子初步感受"集体"的概念。周二的生活活动，是所有大四班的成员一起行动，打扫班级的卫生，整理班级环境，清洗、摆放玩具、毛巾、杯子；擦洗桌、椅、柜、地板等。孩子一起动手为班级服务，让孩子感受到每个人的用品合起来就成了班级的公共用品，每个

人的劳动付出合起来可以让班级变整洁。周三的语言活动，就是利用故事，让孩子感受到个人与集体的关系。周四的美工活动，则是请小朋友制作美丽的花代表自己，来丰富班级的进门墙，这个活动让孩子感受到自己是班级的一分子。周五就是分享这一周的内容了，大家一起分享为什么大四班的教室跟周一时候的不一样了，自己都做了什么，让孩子感受到什么是集体，体会到自己在集体当中的作用。

在家长工作方面，我们让家长与我们的目标同步，在家里通过小集体让孩子感受到集体是由许多个人组合成的，自己是小集体的一分子。跟孩子的聊天，则是帮助孩子建立对自己的认识，知道自己在班级里有一定的作用，是班级的一分子。

环境方面，我把孩子每天一进门都要经过的墙面利用起来，制作了一朵五彩大花，并请孩子们说说自己喜欢哪片花瓣的颜色，我引导他们："这朵花上面有我们大四班每个人喜欢的花瓣，那么这朵花就代表我们的大四班吧。每天我们进班级的时候第一眼就会看到它，它告诉我们，我们是大四班的小朋友。"接着，我给孩子们提供与大花颜色一样的纸张，请孩子们制作小花来代表个人，并将自己制作的小花粘贴在大花的旁边。我继续引导："我们每一朵小花都有自己的颜色，这些颜色组合在一起，就跟我们班级大花的颜色一样了。"这个举动，给孩子们一个初步的"集体"的概念，孩子们知道了大四班这个集体，是由自己和其他小朋友组成的。孩子们感叹着这面墙的美丽，我就借助孩子们说的"美丽"一词，将这面墙的意义提升起来。我们带着孩子们走遍了幼儿园所有的班级，引导他们欣赏每个班级的进门墙，然后讨论，我们班级的进门墙有什么不一样，你觉得自己班级的进门墙美吗，为什么……这一系列的问题，都是在引导孩子感受什么是集体，自己与集体的关系：许多个个体组合起来，共同完成着同一件事情，这就是集体。同时还感受到，这面墙的美丽，是因为有了自己那朵花，这面墙的美丽有自己的功劳，自己是个有用的人。

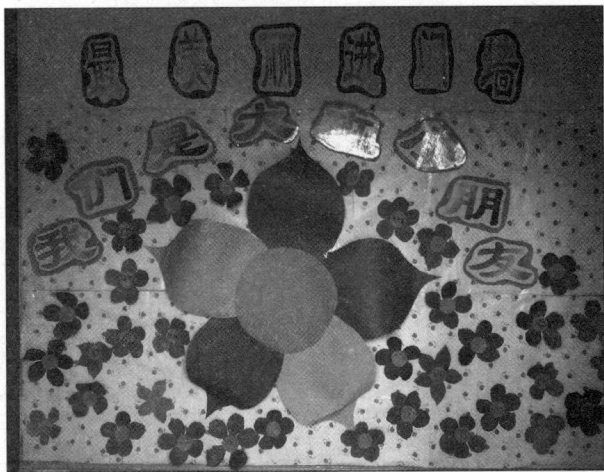

　　在平时的一日活动中，我们老师也会随机给予"集体"概念的暗示。比如，我们利用点名环节，每天轮流请一个小朋友上来点名。孩子在点名的时候，开头语统一为："今天是×××年×月×日，星期×，我是大四班的×××小朋友，现在开始为大四班点名……"点名后，老师会跟孩子一起统计当天来园的人数，然后总结："今天，我们大四班有 N 个小朋友到了，N 个小朋友请假没有来。"这个自然的举动，就是提醒着孩子们："你是大四班的一分子，你到了，就算一个人头。今天这个集体的人数多少与你是有关系的。"另外，每天点名时说出年月日和星期对孩子以后的生活和学习也有很大的帮助。在我们的生活中，常常会用到时间，如什么日期做什么事情、记录什么等。在点名这个环节还要注意的是，一定要把班级老师和保育阿姨也安排在名单里，让孩子知道，老师跟他们一样，也是从属于这个集体的。这样就拉近了老师跟孩子之间的距离，更有利于老师在集体当中发挥自己的引导作用和榜样作用。

　　我们还结合餐点、午觉、散步等环节，用语言给孩子做"集体"概念的暗示。比如，午餐时间，我会说："今天厨房给我们大四班准备了米饭、牛肉……希望大四班每一个小朋友们都用餐愉快。"在这样轻松欢快的氛围下，我自然、巧妙地将"集体"概念渗透进来。散步时间，要是有个别孩子没有吃完也没有关系，我会说："大四班的小朋友开始散步啦，没有吃完的要快点啊，我们等着你们，大家到齐了就可以出发啦！"简单的一句话，一方面告诉孩子，集体需要共同参与一件事情，集体活动的时候，不会丢下任何一个属于这个集体的个人。

　　(2) 感知自己对于集体的价值

　　有了对于"集体"初步的感受，我就把重点放在让孩子感受自己在集体当中是个有用的人。这方面我是从细节入手的。我把孩子进园后摆放书包的柜子、摆放鞋子的柜子、摆放图书的柜子、玩完玩具后的柜子、喝完水的柜子等跟孩子有关、孩子参与摆放的都拍摄下来，请他们欣赏，并引发讨论：这些排列整齐的物品给人什么感觉？孩子们觉得看上去很舒服、很干净，都觉得很好。然后继续引导：这些美好的事物是谁带来的？孩子们纷纷说出了自己，于是我顺着孩子的话语总结：因为有了每一个小朋友。并请孩子们设想，如果没有摆放好，会有什么结果。孩子们自然会说："不好看"、"乱七八糟"等。促使孩子感受到，自己是个有用的人，因为自己的行为可以给班级带来美好。

　　为了更好地帮助孩子感受自己是集体的一分子，自己为集体作出了贡献，使集体获得了荣誉，我们又利用一周的时间，开展了"我让班级最美"的活动。下面就是这个活动的周计划安排表。

第三周活动计划

内容＼星期	星期一	星期二	星期三	星期四	星期五
周重点	1. 知道自己是大四班的一员，发现自己的一个优点。 2. 对自己只要努力就能为班级争得荣誉有所感受。				
学习活动	中秋放假	谈话：我们是大四班的小朋友啦 集体活动： 综合：如何让进门墙更美 故事欣赏：小动物上幼儿园 结构游戏：小动物的家（二）	谈话：你喜欢我什么？ 集体活动： 1. 语言：我是班里的小星星 2. 分享阅读：我喜欢 歌曲欣赏：上学歌 健脑游戏：漫画拼板、菱形拼板、摘苹果	谈话：布置墙面的材料 分组活动：美工：我的愿望卡 动画欣赏：图图 角色游戏：医院（一）	谈话：今天要颁奖啦！ 集体活动： 1. 感受：颁奖啦！ 2. 玩沙游戏：建筑师 图画欣赏：太阳 表演游戏：小熊请客
户外活动	1. 器械活动：大型器械、平衡板、小推车、脚踏车。 2. 集体活动：早操、猫捉老鼠。				
生活活动	1. 了解值日生的职责，喜欢当值日生。 2. 注意多饮水，能及时更换湿衣服。				
家长工作	亲爱的家长，结合我们班级的学期计划，为了帮助孩子建立集体荣誉感，本周将围绕"我能为班级……"开展一系列活动。我们希望通过各种形式的活动，让孩子知道自己是大四班的一员，从活动中发现自己的一个优点，感受自己为班级争得荣誉的喜悦。我们需要家长配合以下事情： 1. 通过各种形式帮助幼儿感受获得集体荣誉后的喜悦：网络、电视、聊天等。 2. 了解孩子许愿的内容，帮助孩子实现愿望，多用正面语言鼓励与肯定。 我们相信，有了您的参与，活动将更加精彩，孩子将有真正意义上的成长。				
备注	班级QQ群：××××××××				

　　我为什么会安排这样的活动呢，就是让孩子感受到，要有收获，就必须付出。只要自己作出一点努力，就可以为班级赢得很大的荣誉。

　　周二的综合活动继续利用我们班级的进门墙面，在孩子们认识了什么是"集体"的基础上，我们进一步思考如何让这面墙更有意义，提升"最美"的价值。于是，在这个活动中我们就埋下伏笔，为之后的活动打基础。同时，我把准备好的奖杯和奖牌拿给孩子们看，让他们知道这个是园长为幼儿园最棒的班集体准备的，激发孩子们想为班级争得这个荣誉的积极性。周三的语言活动，是结合我们在中班做的"我是今天的星宝宝"开展的，让孩子们说说中班时候自己有没有被选为星宝宝，为

什么会被选上。几乎每个孩子都有过这样的经历，所以，他们在讨论的时候都非常
积极。在总结的时候，我让孩子们知道，中班时候获得星宝宝是自己努力的结果，
现在是大班了，如果也想获得荣誉，就一定要努力。并请小朋友说说，本周自己为
自己许的一个愿。老师做记录，并打印出来，准备周四的活动使用。

　　周四的美工活动，孩子们制作精美的心愿卡，并把前一天说的心愿粘贴在上面，
然后布置在进门墙的位置。从周三到周五，孩子们需要通过自己的努力来实现自己
的愿望。在周五的颁奖活动上，我们先请孩子说说自己愿望是否实现，如果都实现
了，就请园长给我们班级颁发了奖杯和奖牌。在选择领奖的孩子上面，我引导孩子
来选择、发现，班级里谁不光实现了自己的愿望，别人的他也能实现。这个环节让
孩子们知道，付出努力多了，收获会更多。当孩子们获得奖杯和奖牌后，我请孩子
们每个人都拿在手上摸一摸，有
的孩子还激动地亲了起来。最后，
我让全班孩子跟奖杯、奖牌合影。
孩子们骄傲地说："是我实现了
自己的愿望得到的。"然后，我将
周五活动的照片打印出来，跟孩
子一起粘贴在进门墙上心愿卡围
成的圈内，用环境暗示孩子，这
个是他们努力的结果。这就让孩
子们感受到了集体荣誉感，体会
到了一些集体与自己的关系，集
体获得了赞扬和荣誉的时候，自
己会开心、骄傲和自豪。

　　环境方面，我依然结合了进门墙来做文章。我跟孩子们一起做了一张愿望卡，
愿望卡上的愿望是孩子们一周之内可以实现的，比如：我希望我睡觉可以安安静静；
我希望我玩玩具的时候会爱护它们；我希望我早上上幼儿园的时候拿红牌。而我的
愿望，就是希望小朋友的愿望都能实现。这些都是孩子们只要稍作控制就能达到的
愿望。老师在引导的时候，一定要将正能量放射进去。比如，某个孩子游戏后总是
不收拾玩具，在引导孩子说出自己愿望的时候，要说：我希望我能把玩具摆放整齐。
一定不要说：我希望我不要不收拾玩具就离开。同样一个意思，一定要引导孩子用
正面的语言表述，因为负面的语言，常常会误导孩子，并带给孩子负面的心理暗示。
常用的正面语言有："我能"、"我可以"、"我会"，建议不要使用："不要"、

"不可以"、"不能"……根据我们班级实际操作的情况来看，孩子们对自己的不足还是有着深刻的认识，每个孩子都能说到点上。这也能看出，孩子进入大班之后，有着自己的认识和理解，对自我能做出较为客观的评价。

然后，我们把这些愿望卡粘贴在花墙面下面的版面上，并将中间位置空下来。空着的地方做什么呢？这就要结合上面周计划的内容，如果大四班每一个成员的愿望都实现了，园长就会给我们颁发"一幼最棒大班奖"的奖杯和奖牌。这个奖杯与奖牌是我们事先准备好的。颁奖的那天，我们把流程拍摄下来，打印后粘贴在愿望卡的中间，让孩子们感受到：这个奖杯的获得，一部分是自己的付出和努力的回报。让孩子们知道在这个集体当中，每个人都是不可缺少的。孩子们会骄傲地说：因为喝水很安静，所有我们班得到了这个奖杯；因为我会跟小朋友相爱，轻轻拉手，轻轻说话，所以大四班得到了这个奖杯。

2. 个人在集体中感受到爱，从而爱集体，愿意为集体作贡献

（1）感受集体的爱

感受集体的爱与感受某个人，如老师、小朋友的爱是有区别的，这种爱是建立在"集体"这个整体存在的基础上的，是群体性质的爱。为了让孩子感受到集体的爱，在一日生活中，我们随时都会用语言让孩子知道，集体是爱他的。首先在肯定孩子、表扬孩子、关心孩子的时候，我们就引导孩子跟我们一起使用"我们"这个复式的称呼。比如："琳琳今天帮助小班弟弟找到自己的班级，我们都觉得她很像姐姐，对吧？"一方面带动班级孩子融入"我们"这个群体当中，一方面让当事人觉得得到了班级整体的肯定。当孩子遇到困难的时候，我们同样使用这样的方法，比如："没关系，我们是一个班的好朋友啊，我们一起来想办法解决吧！"在平时的生

活中，我们还可以利用一些细节，比如投放新玩具："这个新玩具，你们想不想玩一玩啊？只要你是我们大四班的孩子就能玩这个玩具呢！哎呀，咱们大四班真幸福啊，总是有新玩具呢！"这些都是用语言给孩子做了一个心理暗示，让孩子感受自己存在于这个集体，就能得到来自这个集体的关爱。

当然在行为上，也要保持步调一致，要做什么事情都要求每个孩子一起参与，有什么好处大家一起分享。比如，老师讲故事，要等所有孩子都坐下来；玩游戏的时候，要等所有孩子都表示自己已经准备好了。一方面让准备好的孩子知道我们是个整体，集体行动要学会等待，另一方面让还没有准备好的孩子感受到集体需要他，集体是在乎他的存在的，用张艺谋导演的一部影片的名字来形容再恰当不过：一个都不能少。

当孩子生病没有来幼儿园的时候，当孩子有了明显进步的时候，当孩子获得了荣誉之后，当孩子遇到困难不敢面对的时候，我会跟孩子们一起制作一张有意义的贺卡，送给这个孩子。比如，爱心贺卡，表示希望你生病快快好起来，我们需要你跟我们一起游戏；大拇指贺卡，表示你有了进步，我们都竖起大拇指；鲜花贺卡，表示你是我们的骄傲；手拉手贺卡，表示我们相信你一定能解决困难……不管什么形式的贺卡，都会请所有小朋友用自己的方式在上面签名，共同参与其中。这是为了让孩子感受到集体的爱，同时，让孩子在集体中学会爱别人。

环境方面，我们在一些需要做标记的地方，如杯架、毛巾架、床架等都粘贴孩子的名字，表述方式统一为："大四班的×××"。这样标记，一方面是发挥其常规作用，方便孩子辨认自己的物件，另一方面是暗示孩子：你是大四班的，个体属于集体。每天，值日生、阿姨都会在入园环节，给每个小朋友准备好今天需要使用的物件，因为你是我们班级的一员，才会得到这样的待遇，这就是一种集体的关心。孩子也能从中获得集体的爱。当然，老师也会借着谈话、自由活动时间引发孩子参与这类主题的讨论，帮助孩子意识到这个行为背后的意义，那就是爱。

总的来说，让孩子感受到集体的爱，不光要真的做出来，还需要老师巧妙抓住机会，及时给予适当的描述，引导孩子理解并感受。

接着，我就把孩子一些关爱集体的行为记录下来一起分享，让孩子们从中感受到，爱集体的方式是多种多样的，同时，强化孩子对"爱集体"的认识。一边感受集体的爱，一边爱集体，就这样良性循环，使得整个班级的氛围变得积极、乐观向上。

(2) 表达对集体的爱

孩子从各个细节感受到了集体的爱之后，我们就要及时增加火候，让孩子表达自己对集体的爱。因为爱上了集体，才愿意为集体付出。孩子爱上了集体，就想在集体中树立属于自己的重要位置，他知道自己属于集体中的一分子，才能获得集体的爱。

孩子表达对集体爱的时候并不明确，怎么帮助孩子梳理那些零零碎碎的经验，就是我们老师要思考的事情了。在日常生活中，我们可以通过一些身边事、小故事引导孩子感受到什么样的行为是爱集体的，因为老师是班级里的一员，老师的一些行为也可以作为示范。比如，我在把班级的桌子摆整齐的时候，会跟小朋友说："瞧！我摆得整齐吧？我们的大四班现在看上去是不是更好看呀？真开心啊，我可以让我们班变好看呢！"对于孩子的一些行为，老师也可以做出相应的总结，让孩子从老师、同伴身上积累这方面的经验。

环境方面，我们在班级里建立一个"小广播"的活动墙面。我们引导小朋友们在平时的生活中自己去发现，如果看到小伙伴做了对班级有意义的事情，就可以在活动墙面的相应小朋友名字后面做上标记，并在标记后面写上记录人的名字。一开始，我们利用每天的谈话时间跟孩子们一起说，今天你发现谁做了什么对班级有意义的事情，并请其他小朋友做出评价，同时引发孩子讨论，如果我们都能这样做，班级会有什么变化等。等孩子对这个环节有了一定的体验之后，就把孩子分成几组，每组搭配一个有一定组织能力的孩子，进行交流。接着，我们就把这个环节放在自由活动时间，孩子可以自由搭配，三五成群自己选择时间进行交流。孩子们的交流，就好像给班级里注入了一股正能量，孩子们就围绕着这股能量螺旋上升，不断地积累经验、分享经验，然后再积累在分享。老师的作用，就是强化这股正能量在班级里的地位，用积极、乐观的语言进行及时、客观的评价。

3. 感受获得集体荣誉后个人能获得的好处

在孩子获得了集体荣誉感，充分感受这种荣誉的同时，老师要抓住火候，让孩子感受到自己获得了什么好处。就拿一家知名的公司来说吧，公司就是一个集体，这家公司之所有出名，是因为它做得大，做得好，这些来源于公司里的员工的工作，员工的付出为公司争得了这份荣誉。那么，公司能给员工什么呢？他们的员工无论走到哪里，只要穿着制服，都能得到众人羡慕和赞许的眼光；无论走到哪里，只要说自己是那个公司的员工，都能听到他人赞许与崇拜的话语。个人价值在众人面前得到了体现，那种存在感从中获取到了。这些是外在的收获，内在的就是走进这个公司，每一个员工都感到一种温暖，一种回归感，因为这里有自己努力的足迹，每个人可以在这样一个环境中发挥自己的光和热。

对于孩子也是一样的，感受到集体赋予他的那份荣耀以后，他们也能得到别人

的羡慕与赞许。有的小朋友会说："大四班的小朋友能把照片贴在这里真好！"有的家长会说："你就是大四班的啊？我看了你们班的小故事呢，真厉害啊！"……我们用一周的时间，让孩子们感受集体获得荣誉之后带给个人的好处。在周一的综合活动中，让孩子们说一说，你喜欢大四班的原因是什么，它让你得到了什么好处。然后请小朋友利用提供的材料，用自己的方式表达获得这种好处之后的心情，如唱歌、跳舞、绘画等形式。周二则跟孩子们一起设计了一个调查记录表，周三就请孩子们去寻找感受到的好处，并记录在表上。到了周四，就让孩子们交流经验，并再度感受，别人得到的好处，自己是否也能感受到。

　　在周五的时候，大家一起分享，这也是帮助孩子们整合经验的一个环节，我们给孩子抛出一个问题：这几天我们感受到现在的大四班带给自己什么好处？孩子们有的说，桌子没有水彩笔印，看上去很干净，我就喜欢趴在这样的桌子上休息。有的说，画画的时候安安静静的，都能听到好听的音乐呢！有的说，我们教室好漂亮，我很喜欢待在这里，看上去会让我很开心……每个孩子都找到了很多的好处。然后我们把这份表格装订成册，并起名为：《大四班甜蜜手册》，作者为大四班全体小朋友。我在书的前面制作了目录，撰写了前言，然后悬挂在图书区，让孩子们自由阅读。并在家长宣传栏上写上：我们班的新书出版了，名为《大四班甜蜜手册》，如果爸爸妈妈想感受我们的甜蜜，可以来跟我们借书喔！这样让家长也清楚我们在做什么，同时得到家长的支持，家庭教育与我们同步进行，还能强化孩子们的感受。

　　（二）然后是循序渐进地打造小集体在大集体中的荣誉感

　　我把班级内的集体分成了四类。从最少人数开始，好朋友之间，几个都可以，孩子自己给这个小集体命名，这个属于班级里最小的集体。第二类就是将班级以座位进行区分，因为我们班级座位大致分成了三大块，于是就产生了三个小集体，这个集体的命名与他们所对应的区域名字一样，比如认知联想区、综合工具区和美工区。第三类就是根据孩子的性别进行分类，即男孩子、女孩子。第四类就是班集体，这个包含了所有班级的孩子。值得注意的就是，老师就要把自己放入班集体当中，一方面让孩子知道在这个集体当中老师跟孩子是平等的关系，另一方面老师的行为会给孩子起到一定的暗示作用。当孩子们属于某个小集体中一员的时候，只要这个集体中的每个人为这个小集体争得了荣誉，就可以得到大集体，也就是班集体的认可和学习。

　　我从最小的集体说起，因为人数少，这个小集体获得集体荣誉的几率是相对较高的，只要这个小集体中的每个成员都能做到，就能获得相应的荣誉。而这个目标是这个小集体的孩子自己制定的。然后我们可以通过谈话活动，分享他们的目标与达成。这方面也要利用班级的正能量进行，哪个小集体先达成了，就先分享，对于没有达成的要给予鼓励和信任。孩子们在小集体中获得荣誉建立了一定的成就感后，就可以将孩子的集体扩展到第二部分，孩子可以在"好朋友"的集体中帮助这个小集体获得荣誉，那么在"区域"这个集体中，也能获得荣誉。我们在三个区域的进区位置粘贴了一张这个区域里孩子的合影，并在下面制作了一张爱心卡。我们利用离园前的时间，让孩子们评价一下自己这个集体好在哪里，孩子经过讨论后，推举一个人上来说，并粘贴一张贴纸在集体的爱心卡上。这让孩子们能直观地感受到自己完成集体中的目标，就能帮助这个集体获得荣誉。然后就继续把孩子身边的集体扩大至男孩子和女孩子两个较大的集体。我们在卫生间进口的位置张贴男女娃娃的卡片，跟爱心卡的使用方法一样。统一的模式可以帮助孩子明了记录方式。这三个集体是同步进行的，我的目的是让孩子充分感受到集体与个人的关系，不管自己身在哪个集体，只要跟大家做一样的事情，完成同一个目标，就能为这个集体获得荣誉。从而，帮助孩子提升自身的存在价值。

上面的这些集体都包含在班集体中间，对于班集体来说，它们都属于小集体。我们把这些小集体获得荣誉的经验整合起来，让孩子感受到小集体在大集体中的荣誉感。小集体属于大集体，小集体的荣誉能促使大集体获得相应的荣誉。经过一段时间，孩子们发现，爱心卡变漂亮了，男孩女孩卡片也变漂亮了。他们相互之间还形成了一种竞争的意识，他们会拿自己这个集体与其他集体进行比较，一些孩子还会召集大家讨论今天要怎么做才能得到荣誉。

接着我们就以班集体为一个整体，感受班集体在幼儿园这个集体当中的荣誉感了。我是以两周为一个周期的，因为时间太短了，孩子行为的稳定性相对不够，只是处于一种感性上的行为表现。当然，这还是要根据班级孩子的实际情况而定。一周后，我们整合孩子这一周的相关行为，有的编成小故事，有的拍照制成图片资料，分组制作宣传画报，然后全班孩子一起布置一个"一幼大四班宣传栏"，摆放在走廊、幼儿园门口，或者是幼儿园操场等一些方便他人欣赏的地方。我会鼓励自己班级的孩子关注宣传栏的浏览状况，如果愿意的，可以当解说员，向参观的人作介绍。展示完毕第二天的谈话时间，我们就来分享成就，让孩子们说说自己都得到了什么样的评价，心里有什么感受。

环境方面，我们前面提到的"一幼最美进门墙"重要突出在大集体中，小集体的荣誉，因为那面墙面是我们一起打造出来的，是我们集体努力的结果。

（三）最后就是让每一个体都找到自己在集体中的亮点

要帮助孩子找到自己在集体中的亮点，必须及时看到孩子做得好的地方，并放

大好的行为。这样做也可以帮助孩子认识到自己的潜力，从而不断发展各种能力，成为生活中的成功者。孩子有了自信，认可了自己的能力，以后遇到事情的时候，就会充分相信自己。

1. 挖掘亮点

首先，帮助每一个孩子发现自己在集体当中的存在价值。对于一些能力强、行为习惯表现好的孩子，做到这点其实很容易。于是，我们就把重点放在那些不自信、能力弱、行为习惯不太好的孩子身上。到了大班，孩子具有一定的自主选择性。我们会发现，孩子与孩子交往，大都是相似的孩子容易凑到一起，如喜欢跳舞唱歌的、行为习惯很好的、语言发展很好的等。在班上还能看到，不自信的孩子会跟与他们一样不自信的孩子在一起，而那些行为习惯不太好的，比如喜欢打打闹闹的孩子，他们也找到了与自己相似的朋友。我们要利用孩子这样的群分，帮助孩子先在他们这个小群体当中找到能体现自身价值的地方。

比如，小鱼小朋友喜欢在洗手间玩水，只要有机会，他就会在里面玩水，弄得满地都是水。而且，每次他玩水的时候都能号召几个孩子跟他一起玩。我就利用这一点，请他当我们班的节水护卫队队长。我制作了一个名单，上面是所有小朋友的名字，在负责人的一栏写上小鱼的名字。同时，准备了可以挂在脖子上的队长勋章。我邀请小鱼当护卫队队长，几个总是喜欢跟他一起玩水的孩子是队员。小鱼负责每天安排两个小朋友观察和记录班级孩子用水的情况。比如洗手，谁洗得又快又干净，就在相应小朋友的名字后面打钩。如果看到有谁浪费水的，值班队员就要上前提醒，如果水洒在地上，还要负责收拾干净，让他们知道这是为了保证小朋友们的行走安全，是对同伴的一种保护。小鱼每天起到一个总揽全局的作用，跟队员合作一起完成提示和帮助的任务。值班队员每天放学前要把这份名单交给小鱼，小鱼就要看看谁是今天最会用水的小朋友，然后在放学的时候对这些孩子进行贴纸奖励。当然，小鱼有这么大的权利，首先就要要求自己能做到，如果做不到，就有可能失去这样的权利。赋予孩子这样的权利，可以让他感觉到自己是个有用的人，自然会有意识地控制自己的行为。接下来，我们以这个为话题，跟孩子们说一说，卫生间的地板不再湿湿的，对我们班级有什么好处。然后引导孩子说一说，是谁为这件事情付出了，他都做了什么。然后帮助孩子们整合评价，如，小朋友们都会用水了，小鱼每次在我们用水的时候都关心我们，如果我们不小心弄洒了会帮助我们收拾好，还会提醒我们节约用水。他为我们做了这么多，我们一起谢谢他吧！我们以此来提醒孩子有意识地控制自己的行为，同时让孩子知道，自己只要注意和努力，就能为班集体发光发热，就会让所有人感觉到他的存在价值。

在座位的安排上，我让一些比较有感召力的孩子跟一些比较自卑的孩子坐在一起，让一些自控能力好的和好模仿的孩子坐在一起，让语言表达能力好的孩子和不爱说话的孩子在一起。孩子们在生活中慢慢成为朋友，强势的孩子就会影响同桌的孩子。比如，我们班里乐乐小朋友是个依赖性很强的孩子，因为家里包办太多，所以动手能力特别差，而思思小朋友动手能力一般，但是非常喜欢管别人的事情。他们两个在一起刚好形成了一种互补的关系。经过一段时间我们发现，从不动手画画的乐乐开始自己涂色了，虽然他的画面上有很多思思的绘画痕迹，但是，每回看到他拿着画与大家分享时的神情，就能感受到他在这上面找到了自信。而思思说话的声音也从高八度降了下来。范范是个自我控制能力很好的孩子，就是有时候有点娇气，宇宇是个控制能力很弱的孩子，但是他好模仿，别人说一句他都会学一句，别人做什么，只要让他注意到了，他就会跟着做。他们两个坐在一起，范范身边总是有个人在学她，娇气的行为变少了，因为她觉得会被宇宇看到，并学她的样子。宇宇就什么事情都学着范范，画画的时候，范范用什么颜色，他就用什么颜色，范范涂哪里，他就涂哪里，范范不站起来，他也坚持着。这样宇宇离开座位乱跑的次数减少了，教室里变得安静了。他们相互影响着对方，就可以从这里入手体现他们的亮点，让孩子发现自己可以影响身边人，改变身边人，使得身边的人获得收获，而这种收获可以更好地促使班集体获得荣誉。

2. 迁移、聚焦亮点

同时，我们要帮助孩子学会迁移这种亮点。可以请孩子思考，这方面做得好，为班级争得了荣誉，自己还有什么地方也可以做得这么好。大班的孩子具备一定的客观评价能力，知道自己什么地方是需要改进的，或者是没有做好的。他们能从自身寻找源头，尝试改变。因为从认识集体到感知自己的价值，一路走来，孩子已经知道，只要自己愿意付出就有可能得到肯定和荣誉。这样良性循环，孩子在集体中的存在感就会越来越强，会发现自己更多的优点、亮点，建立更加稳固的自信心。

接着，我们就要帮助孩子们聚集每个人身上的亮点，进一步提升集体荣誉感，向自然、轻松地建立孩子的规则意识之路挺进。班级里的每个孩子在这个环节都找到了自己的自信，班级里的氛围就会变得积极、向上，集体自信心也由此上升。即便有的孩子只找到了一个亮点，但是正因为他属于这个集体，他同样能享受这个集体获得的荣誉，能在集体自信的磁场下，感受到自我存在的价值，获得属于自己的自信。

(四) 把集体荣誉感的建立有效渗透到主题活动中

因为我们幼儿园每学期都会结合一个主题活动来开展教学，我便考虑把建立集

体荣誉感与主题活动有效结合起来。在学期初的时候，我先制定了一个结合班级学期总目标的环境设计方案。以下就是根据主题"各种各样的桥"做的一个环境设计方案。

"各种各样的桥"环境创设计划

本学期，我们的主题版面要突出班级总目标：到学期末的时候，每个孩子都具备一定的集体荣誉感，感受自己在集体中存在的价值，从而建立良好的常规。这也是我们环境的亮点，通过环境让孩子感受什么是集体，引发孩子爱集体，愿意为集体作出贡献。孩子们会因为爱上了班级，知道自己是班级的主人，最终愿意共同管理班级，遵守班级规则。

我们从身边的资源"中山公园"入手展开了"各种各样的桥"主题活动。中山公园有十二座拱桥，我们带孩子寻找身边的桥之后，孩子们在公园里现场把自己找到的桥画下来。然后请孩子们纷纷介绍自己的桥，引出"桥的外观"。我们继续引导孩子们结合自己的画认识桥的基本结构。根据孩子的讨论我们引发一个新问题：为什么有的桥长，有的桥短。这个就是桥距。不管建造什么样的桥，都要考虑桥外观、桥结构、桥距这三个基本要素。于是，我们第一个版面就是通过孩子们的写生画，帮助孩子认识各种拱桥的共同特征：桥面、桥身、拱门、护栏，以及建桥时候必须注意的三要素：桥外观、桥距、桥结构。这一版面让孩子自主发现，只要自己努力可以给班级带来什么好处，初步感受什么是个体，以及个体与集体的关系。

有了第一个版面的经验，第二个版面就让孩子跟好朋友一起建桥，这个版面利用牙签画的形式来展示。我们把孩子分成八组，请孩子们合作建桥，这个版面以"我们一起设计的拱桥"命名。在制作前，孩子们需要完成建桥的工程图，这要结合第一个版面的经验完成，所以说第一个版面也是为第二个版面做的一个暗示和铺垫。第二个版面让孩子体验与同伴合作的乐趣，对小集体合作完成共同目标有所感受。

中山公园的桥形态各异，每一座桥都有它的特点。第三个版面我们老师就把中山公园的平面图创设成背景，再利用亲子活动，利用各种各样的废旧物品，分别制作中山公园的十二座桥展示在背景上。这一环节是建立在第一第二版面的经验基础上的，因为感知了桥的结构、感受了建桥的过程，进而再现我们身边的桥，就能加深孩子对桥的认识。这一版面我们把目标放在感知桥在我们生活中的作用，即方便人们过渡和美化环境。为了体现这个目标，在亲子活动后，我们还需要带孩子们到公园找一找桥的附近有什么，并进行记录，根据孩子的记录表丰富这个版面。孩子依然是第二版面八组分工安排，每组提供不同的材料，分工合作共同体现目标。这一版面让孩子对全班合作完成共同目标有所感受，同时感受到小集体在大集体中的重要作用。

这三个版面我们计划在三周时间内逐步完成。从十一月份开始，我们班的主题就进展到"厦门的桥"。我们计划请家长以假日小队的形式参观厦门的三座跨海大桥和高架桥，拍摄相关照片，并完成调查表。我们以"厦门的桥"命名，完成第四个版面，这个版面是进一步让孩子感受桥在我们生活中的作用，并认识不同性质的桥。

然后延伸到世界著名的桥，这个版面就放在班级的阅读区位置。我们先把这些桥的图片展示出来，然后请孩子们跟家长一起收集这些桥的故事，然后跟孩子一起制作成册投放在阅读区，并取名为"世界著名的桥系列丛书"。第四和第五，这两个版面让孩子感受到，生活中，自己不光属于幼儿园的大四班，还可以属于家庭，每一个家庭也是一个集体，每一个假日小队也是一个集体。

最后一个版面，我们以"未来的桥"命名，请孩子们发挥自己的想象力和创造力，用长卷的形式展示未来的桥。

值得注意的细节问题是，每一张作品，我们要统一模式，不管是单独完成的，还是合作完成的，都统一打印制作人的名字，模式可以是"制作人：×××"。同时要粘贴整齐，给孩子们一种规律感。同时，让孩子们感受到，各种美丽的版面都是自己和同伴努力的结果，大四班的美丽版面是全体大四班小朋友完成的，一个都不能少。其次，作品要充分体现我们的学期总目标。

二、让孩子明白民主建立规则的方法，以及投票的方法和意义

陶行知教育思想中对于"学生自治"是这样定义的：学生自治就是学生结起团体来，大家学习自己管理自己的手续。学生自治，不是自由行动，乃是共同治理，不是打消规则，乃是大家立法守法；不是放任，不是和学校宣布独立，乃是练习自治的道理。

（一）把班级交给孩子共管的策略和方法

1. 民主建立规则

把班级交给孩子共管前，首先要考虑哪些方面、哪些环节可以交给孩子。我将

班级里可能出现的方面和环节一
一列举出来。首先，孩子属于班
级这个整体，所以班级就成为一
个大的共管目标。然后根据孩子
的活动形式，把班级活动分为自
由活动、集体活动和区域活动，如右图所示。

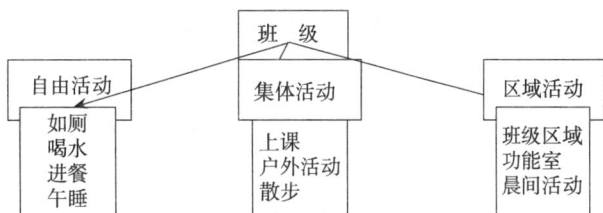

```
                    班　级
自由活动          集体活动              区域活动
 如厕                                   班级区域
 喝水              上课                  功能室
 进餐              户外活动              晨间活动
 午睡              散步
```

　　有了这样一个相对清晰的思路后，我们先帮助孩子对幼儿园的生活做一个相对
完整的统计与分类。我们引发孩子们讨论，在幼儿园里，哪些事情是每天都要做的。
孩子们说到了：小便洗手、喝水漱口、吃饭吃水果、睡午觉、跟老师上课、玩游戏、
到操场上玩、散步、到区域里玩玩具、到功能室玩等。然后，我出示了相应的分类
表，这个表格用孩子可以理解的图表形式展示出来，然后跟孩子一起分类，把那些
具体的事情分别列入自由活动、集体活动和区域活动下方的表格中。因为孩子已经
建立了一定的集体荣誉感，有了为班级服务的心理基础，所以引导孩子共同制定班
级的规则，他们是很乐意的。有了这个表格，孩子们在制定规则的时候目的相对明
确。我们从最细化的内容自由活动开始，因为这个对于孩子是最直接体验到的，制
定起来就比较容易。孩子们制定规则，老师做记录，然后全班投票表决哪些内容合
适。票数超过一半的，即为通过。我们把孩子们制定的规则做成温馨提示卡片，让
每个小朋友签名，可以是名字，也可以是学号，并让孩子粘贴在教室里。集体活动
规则的制定也是一样的，孩子们投票表决，并制作、粘贴相应的温馨提示卡。区域
活动，我们就稍做改变，把班级里的七个区域单独列出来，把孩子分成了七组，每
组孩子经过讨论、小组投票之后，一起制作一个温馨提示卡，然后选一个代表跟全
班孩子分享。我们把七组孩子制作的温馨提示卡展示出来，一一进行投票。同意的
超过一半人数，就表示这个卡片通过，并请所有的小朋友在卡片下方签名。然后，
将卡粘贴在相应区域的进区位置。第二天，我们就开始试行规则，让孩子们感受这
些规则是否合理，有什么地方是需要改进的，在改进之后再尝试。

　　一般来说，孩子们自己制定规则并投票后，参与相应活动时，都会有意识地约
束自己的行为。我们就要抓住这个火候，强化孩子的规则意识。在初次试行的时候，
我们把孩子参与活动的情况拍摄下来，并打印出来。比如，喝水时候排队，区域游
戏的时候收放玩具，上课时候盘腿坐好等，这些都可以通过照片回放。还有一些，
比如认真画画使得教室很安静等跟声响有关的，我们就要结合孩子的回忆，用描述
性的语言进行讲述。当然，会出现一些需要改进的提示内容，比如在区域活动的时
候不能讲话，这条规则对于一些需要合作完成的游戏就行不通，所以，孩子们就要

根据实际情况进行修改。这个环节也能让孩子知道，我们的规则是要合情合理，是要考虑孩子自己的感受的。多次尝试后，孩子们发现现有的规则都能达到，老师就要及时给予肯定。这个肯定是帮助孩子们树立坚持执行的信心。同时，给孩子奖励贴纸，并请孩子们粘贴在进门墙的版面上，一方面给孩子们一种暗示，知道自己是可以达到的，另一方面是让孩子们感受到进门墙越来越美，有自己努力的结果。最后请孩子感受分享温馨提示给我们班级带来了什么好处。

2. 共管班级

制定了规则，还需要孩子们共同管理，因为规则意识的建立，是要将这种规则慢慢变成自己的习惯，让孩子习惯这样做，完成从相互提醒到自觉的过程。

怎么让孩子们积极参与到共同管理班级的热潮中呢？我的方法是化整为零。我们把孩子分成三组分别进行管理。在各组中，都会有一个组织能力比较强、感召力比较强的孩子，由他再把本组组员安排到各个环节的监管中。比如，孩子分配监督管理进餐、午睡前后、如厕、喝水等环节，每个环节的监管孩子有权利提醒和帮助其他孩子按照大家一起制定的规则进行活动。他们可以将做得很好的小朋友记录下来，给予适当的奖励。对于一些没有遵守规则的行为，他们可以给予提示，让同伴知道，只要现在遵守了，同样能被认可。这样每个孩子都知道班级的每一个人都有管理班级的机会和责任，同时感受到自己帮助别人坚持遵守规则了，别人也会帮助自己。我们班级还有一个总规则，这个规则的管理则由当日的值日生负责。因为我们一周会让每个孩子担当一次值日生，所以班级规则的管理是每个孩子都要参与的。

我们还在班级制作了一个明星箱，并引导孩子学会使用这个选举箱。孩子们可以根据自己的观察把身边遵守规则好的同伴，也可以是自己记录下来，比如坚持得好的，样样都做得好的，有进步的等，然后投进这个箱子里。到了周五，我们就在放学前打开这个箱子，看看这周都有谁被小朋友发现了。然后推举记录最多的作为本周的明星宝宝，并将他的照片粘贴在教室门口的星宝宝墙面上。

（二）由浅入深地让孩子建立民主意识

孩子到了大班开始有了私心，需要对他们进行价值观教育。在班级里营造一种相对公平的氛围，让孩子愿意首先考虑集体利益，而不是个人利益，这也就是培养孩子思考利益立场的过程，让孩子明白集体好才是真的好。对于从小培养孩子的民主意识，中央财经大学法学院蒋劲松教授是这样说的，这样做的积极意义是，孩子在懂得民主的政治学意义前，就已经受到了民主意识的培养。从早期开始培养他们的民主意识，让他们很具体地感受到民主的好处，很有必要。中国社会科学院政治学所助理研究员田小红认为，让孩子首先讨论民主选举的规则，参与规则的制订，

让孩子本身参与进来。他们自己制订好规则后，自己去走这个民主的程序。这样更有意义。由此我们不难看出，由浅至深地让孩子建立民主意识，是帮助孩子成为社会人，顺应并推动社会发展的必要之路。

我把班级的区域都划给不同的孩子来参与管理，每个孩子都需要负责任，他们能从中感受到在大四班的每一分钟都有体现自己价值的机会。孩子们在各个环节都制定了相应的规则，这些规则是允许孩子修改，提出意见的，谁都有权利发言，这样可以让孩子们感受到班级里面很公平。我们在贴有"温馨提示"（也就是游戏规则）的地方都投放一个意见箱，孩子们可以根据自己的感受提出相应的意见，并由相应的负责人（班级幼儿）收集起来。然后我们利用谈话时间，一起商讨意见是否合理，是否需要改进，改进之后可能带给班级什么好处等。有时候，一些意见得不到全班每一个孩子的认可，那么我们就采用投票的方式，让孩子明白在一个集体当中，有时候需要少数服从多数。

对于一些班级活动开展，我们也请孩子一起参与进来，比如我们的月末表演活动。在月初的第一周，请孩子们思考月末我们班展示什么节目，然后汇总孩子的建议进行投票。最终选定一个目标后，再跟孩子一起选择适合的服装，制作相应的道具，共同完成月末表演活动的全过程。此外，幼儿园的秋游，我们也可以跟孩子一起商议秋游时候的服装，游戏内容的规定，秋游的安全问题等，大家一起提建议，然后进行投票，以少数服从多数的原则确定相应的计划内容。

另外，在集中活动的时候，我们也要公平对待每一个孩子。比如，每次老师在提出问题的时候，总会有不止一个孩子举手，这个时候，老师要怎么做才能顾及到每一个人的感受呢？我的方式是在请一个孩子回答问题的时候，会顺便用眼神、手势、点头等方式安抚其他举手的孩子，让他们感受到我的关注。在一个问题结束要进入下一环节的时候，还可以带一句："还有一些小朋友，虽然我没有叫你起来回答，但是，我知道你的答案一定很特别。"然后在下次提问的时候，尽可能让之前没有机会回答的孩子参与进来。

在一个班级里，老师多多少少会有一些比较偏爱的孩子，在一些原则性的问题上，老师就要特别注意，一定要做到公平对待。不管是语气、态度都应该统一化，让孩子感觉到在这个集体当中人人都是一样的待遇。比如，每天午睡起来我们都要给女孩子整理头发，以前我总会给我很喜欢的一个女孩子换发型，结果我发现，这个孩子很有优越感，而其他孩子总会表现出近似疑惑的眼神。我知道这个细微的行为让孩子感觉到了不公平，于是我决定要么给每一个孩子都更换发型，要么都按照原来的样子梳头。类似这样的事情，老师都要注意，比如你用拥抱的方式跟一个孩子打招呼了，那么对于周围能看到的孩子都应该用同样的方式打招呼。

在班级里，我们还设置了一个"温暖信箱"，孩子们可以通过自己的方式，如简单的绘画方式表达对老师、对班级、对同伴的希望。比如，孩子发现今天老师用完椅子没有放回原位，就可以画出来放在信箱里面，我们班级的老师跟孩子一样也有自己的代码，孩子只要在自己的画上写上给多少号人的信即可。每天饭后的自由时间、放学前的自由时间，我们就会把信箱里的东西拿出来，如果是写给老师的，老师就要在全班孩子面前表示，自己以后会注意，让孩子感受到老师跟自己是一样的，也都要做好。如果是针对班级的，那么我们就把问题列出来，共同商量改进的办法，然后通过投票的方式，最终确定一个适合我们班级全班孩子都能接受的方案。比如，孩子们发现班级里比较吵，总是在这样那样的时候，孩子们会几个几个凑在一起聊天。针对这个问题，我们就跟孩子一起探讨如何解决这个问题，我们用了一周的时间，解决班级里出现的这个问题。以下就是我们的周计划安排。

第九周活动计划

星期\n内容	星期一	星期二	星期三	星期四	星期五
周重点	1. 愿意为班级解决问题，懂得区分讲话的场合。 2. 通过与同伴之间的讨论，知道在吃饭、睡觉等生活环节需要约束自己的行为。				
学习活动	谈话：你喜欢聊天吗 集体活动：综合：找找聊天环境 VCD欣赏：有趣的辩论会 创意思维游戏：飞机	谈话：找个朋友聊聊天 区域活动： 必选：各种各样的声音 备选 自学：找找看 自选：美工区、娃娃家、建构区、综合工具区 歌曲欣赏：悄悄话 小社会游戏：麦当劳（二）	谈话：辩论比赛开始啦 集体活动 1. 辩论比赛：我们的主意好 2. 制作：聊天规则 图画欣赏：幼儿园里的标志图 玩沙游戏：海底世界（三）	谈话：瞧！我们学会定规则了 集体活动： 1. 社会：谁的注意好 2. 投票：这里可以聊天 音乐欣赏：敲锣欢歌 感统游戏：和好朋友一起走	谈话：会聊天真好 集体活动： 1. 歌曲：拉钩钩 2. 分享：我们会聊天 动画欣赏：托马斯 表演游戏：小熊拔牙（二）
运动	1. 自选：大型器械、骑小车、跳绳、走平衡。 2. 集体：早操、接力跑。				
生活	1. 能跟自己的同伴一起整理床铺。 2. 知道值日生的职责，能跟同伴一起完成值日生工作。				

（续）

星期 内容	星期一	星期二	星期三	星期四	星期五
家长工作	亲爱的家长，我们生活的环境中，衣食住行处处有规则，处处需要我们遵守规则。我们知道，遵守规则需要有一定的自我约束能力，什么场合可以讲话，什么场合不能讲话等，我们的孩子也懂得区分讲话的场合吗？这是建立在孩子们自主、自愿的基础之上的。每个人都是集体中的一分子，遵守集体规则，少数服从多数，是我们的基本生存法则。 　　本周，让我们一起围绕"聊天"开展一系列的活动吧！希望通过这些活动，让我们的孩子开始了解规则的重要性，同时知道自己有责任也有权利让班级更好！那么，就需要我们一起配合完成以下几件事情： 　　1. 借助上周"我们的班级我来管"活动，提醒孩子约束自己的行为，如，别人讲话的时候，自己要认真听；吃饭、睡觉的时候不聊天等。并根据我们分发的邀请函内容，帮助幼儿了解如何"建立教室讲话规则"。 　　2. 尝试在家里与孩子一同商议并建立在家里讲话的规则。建议家长考虑聊天的时间段、聊天的地点等。 　　我们相信，有了您的参与，活动将更加精彩，孩子将有真正意义上的成长！				
备注					

环境说明：

　　这是孩子们第一次参与投票活动，投票的内容选择了与孩子们幼儿园生活息息相关的"聊天场合"。什么时候可以聊天，什么时候不能聊天，我们让孩子们自己选择。通过投票，孩子们自己制定了规则，我们引导孩子们学会说到做到，他们都愿意执行自己制定的规则。当投票出现分歧

的时候，我们引导孩子们知道，自己是社会人，要少数服从多数。

　　一些内容我们在投票的表格中用数字表示，希望通过环境，引导孩子感知一些东西可以利用符号代替，知道符号在我们生活中的用途多样性。

　　亲爱的家长，通过这个版面，你们可以发现，孩子们的自我约束能力的建立和培养，不光是我们说，他们做，也可以让孩子参与进来，让孩子明白其中的道理，这样孩子自然会做好。那么，您在家的时候，您就可以和孩子一起制定家里的相关规则，并与孩子一起执行，相互监督。

　　这个是我们关于"聊天"制作的一个环境墙面，上面是用照片的形式展示孩子寻找到的聊天环境，下面是投票的表格。我们可以清楚地看到，对于某些内容孩子的意见是有分歧的，那么就要少数服从多数，需要孩子放下私心，牺牲个人的利益，迎合集体的利益。这对刚刚开始萌发私心的大班孩子来说，是需要一定的毅力才能

做到的。这也就是为什么我们要让孩子充分感受集体，建立集体荣誉感的原因。孩子真的觉得集体好，觉得自己在集体中获得了好处，就会愿意舍弃自己的利益。而民主意识的建立也很关键，只有孩子觉得公平了，才愿意跟大家做共同的事情。在周五分享后，孩子们觉得合理，就可以按手印表示同意。这一版面直观地让孩子看到自己参与的全过程，同时提醒孩子自己要说到做到。当然，如果对孩子经验做一个迁移，还可以利用这个版面让孩子感受投票的意义：使集体利益最大化，在集体当中做到相对公平。

（三）最终希望整个班的规则是这样建立出来的

有了前面的铺垫，班级常规的建立就呈现出一种良性循环的走势。孩子们从生活中充分感受到自己在这个集体当中的价值，感受着自己是这个集体的主人，体会自己带给集体的好处。孩子们形成了一种相互监督、相互提醒的状态，不再一有什么事情就找老师告状、帮忙，事事离不开老师，他们发现自己有能力管理班级，自己跟老师一样都是班级的一分子，有着共同的责任和义务，就是让我们的班级更好。在小集体里，孩子们遇到问题的时候，也都学会了用投票的方式来解决问题。比如，在穿鞋子的时候，孩子们发现大家一起穿会比较拥挤，于是，梓橙和靖凯就提出男孩子和女孩子分开穿，一组先穿，一组后穿。那么，究竟是男孩子先穿还是女孩子先穿呢？孩子们又出现了不一样的意见，于是，孩子们自己组织了一场投票，最终大家达成协议，男孩子先穿，女孩子等男孩子都穿好了再穿。然后，以天为期限，今天男孩子先，明天女孩子先。于是，我们班级穿鞋子的环节再也没有出现过分歧，大家都能遵循自己制定的这个规则。

孩子们吃过饭后会几个一堆坐在一起看书、聊天，对于共同看什么书，聊什么内容，由谁来给大家讲故事，孩子们都会用投票的方式来解决。即便一些孩子成了投票中的少数人群，但是因为知道自己属于集体一分子，也都愿意接受大家的意见，班上几乎看不到因为其他人没有按照自己意愿做而放弃参与集体活动的情况出现。

对于班级的规则，孩子们经过体验、修改与再体验达成了一个共识，最终成为我们班级的规则。这些规则是每个孩子参与的结果，孩子们从心理上都比较愿意接受。

三、家庭教育必须配合好才能使优质 素质得以保持和延续

一个班级里都是来自不同家庭的孩子，每个家长的教育观念也都不一样。要让

这些家长配合我们的工作，首先就要让家长信任我们老师，我们要通过多种方式在最短时间里让家长觉得我们的教育方法是有效可行的。家长跟老师初次接触的时候，往往抱着怀疑的心态，尤其是对年龄比较小的老师。有经验的老师不难听到，一些家长在入园前会询问班级老师的年龄。我姐姐的孩子上幼儿园的时候，分到了两个年轻老师的班级，她们一家就满是疑惑地询问我老师的情况，甚至说"要是能到二班多好啊！我看那个班级的老师年龄很大了"。年轻老师往往给家长留下了经验少、耐心不够的印象。他们都觉得年长的老师有着丰富的经验，已经具备了很好的耐心。年轻老师要想得到家长对自己专业的认可，需要做的就是有耐心。首先要让家长知道你是个很有耐心的老师，能放下自己的性子耐心对待孩子、对待家长。然后用实际行动，帮助家长解决教育困难，让他们认可我们的专业水平。

（一）最理想的是家庭和我们这样配合

家长一旦信任了老师，相信老师能够帮助自己的孩子得到最适宜的发展，他们就会心甘情愿地与我们配合。到了大班，已经有绝大多数的家长能配合我们的工作了。

开学之前，我就会把进入大班之后的班级总目标告知家长。每学期开学前，我们都会有一个"致家长一封信"的环节，我们就利用这个环节，把下学期我们对孩子的期望写在上面，让家长有个初步的了解。开学之后，我们就召开家长会，家长会分为三个环节，第一个环节是帮助家长把一些共性的问题拿出来解决，比如这个年龄段孩子可能出现的状况，家长要如何应对。第二个环节，是帮助家长理解我们班这个学期的总目标，以及计划如何展开，并让家长了解这个目标对孩子的发展价值是什么。第三个环节就是让家长针对学期目标进行提问，教师逐一解答。让家长充分了解我们要做什么，为什么要这样做，让家长能理解我们的目的，愿意跟我们携手共进。

我们让家长跟我们同步进行，让孩子感受什么是集体，发现自己在集体中是个有用的人。家长需要借助各种生活活动，让孩子感受到家由爸爸妈妈和宝宝组成，一个都不能少。我们请家长跟孩子一起制定一个家庭计划，比如，有的家庭计划每天固定一个时间，全家人坐在一起，每人讲一件自己今天看到的、听到的很有意思的事情，每个家庭成员都要参与进来，但对于讲述的事情并不需要给予主观的评价，让孩子充分感受家庭聊天的乐趣。有的家长每天会有一个相对固定的时间跟孩子一起看书，每个人看自己的图书，相互不干扰，看完后再相互交流所看到的内容。一些家长则结合了大班孩子开始练习跳绳的活动，在家里准备了三根跳绳，每天一家人一起练习跳绳，然后记录各自跳了多少下。我们班范范的家长特别有心，还把家里每天跳绳的情况用表格记录下来，每隔一段时间就让孩子带给老师看，我们便以此为榜样教育更多的家庭。总之，全家人步调一致地参与一件事情，能有效帮助孩子感受什么是家，感受家的其乐融融，从而爱家，愿意为家里作贡献。

此外，家长要陪同孩子一起，把自己的家打造得更好。这有两种做法，一种是全家都有需要改进的地方，比如家里东西乱放、说话的声音太大等。家长可以跟孩子一起制作一张心愿卡，把心愿表达出来，然后共同努力，一周后再一起看看有没有变化。另一种就是全家人针对各自许愿，共同实现。可以把各自的愿望粘贴在一起制作的心愿卡里，然后一起努力实现。不管采用哪一种方式，家长都要明确自己的目的，就是让孩子感受，家里的成员只要一起努力，就能给这个家带来好处。在这个过程中，老师一定要让家长有一个比较清晰的思路，知道自己做这个事情的目的是什么，不要贪心，以免出现许愿太抽象、太多，大家达成不了，或者很长时间都无法看到效果的情况。这个环节可以跟班级的教育内容同步进行。接下来，家长和老师都要抓住这个机会，帮助孩子提升经验感受。通过描述性的语言帮助孩子感受到，自己不管在哪个集体里都有自己存在的价值。

同时，家里面的一些活动，也是可以让孩子参与讨论和完成的。比如，家长可以固定每个星期六的早上，全家一起打扫卫生；全家一起为出游做准备，一起做出游计划，准备东西等。这些事情可以让孩子感受自己是家里的一部分，需要为家里肩负一定的责任。在这个集体中人人都是平等的，都有权利说话，都有义务服务。这个就改变了以往孩子对于家的认识，不会觉得自己回到家就可以享受特权，其他人都要服务自己，也不会觉得自己只是个孩子，说话做事没有人认可，家里的主心骨是爸爸，只要听爸爸的就好了。要帮助在家里感受到民主，对于全体家长，我们采用化整为零的方法，先邀请家长进入班级的 QQ 群，请家长把自己在家里的教育过程、感受共享到班级的 QQ 群里面。然后在家长提供的内容中进行筛选确定一些正能量比较足、教育观念好的家长，请他们担当管理班级QQ群的任务。起初家长在群里不知道怎么提问、怎么交流，就需要老师来示范，引导家长学会提问与交流，慢慢地，老师就可以抽离出来，让家长与家长进行交流。教师更多的不是告诉家长可以怎么做，而是判断家长对我们总目标的理解程度，与我们工作的配合程度，以及教育思维导向是否正确等，并在适当的时候给予帮助和引导即可。我们邀请管理员负责管理并回答其他家长的问题，同时收集一些家长撰写的记录与感悟，还有自制的表格等，放在班级共享，方便其他家长借鉴与学习。这样就形成了一种较好的互动学习的模式。每个家庭与家庭之间也有了更多的学习机会，能产生一种积极的教育能量环绕在班级当中。

我们请家长在家里跟孩子一起寻找需要制定家庭规则的环节，然后跟孩子一起制定相应的规则。一般家里不能像学校一样，把那些规则都粘贴出来，我们班级有比较细心的家长，将相应的环节拍照下来，然后在照片旁边标注相应的规则，跟孩子一起制作成一个家谱，并把它摆放在沙发边的书柜上，也是大家都比较容易翻阅的地方；还有家长将这些规则制作成一张大海报，粘贴在门背后。我觉得这些方法都是很好的，只要能把一起建立的家庭规则展示出来，让孩子直观看到，就能起到一个暗示和引导的作用。我们班还有一位家长制作了一张"我爱我家"的表格，他们每天都会针对这个家庭规则互相点评，谁完成得好，就给谁名字后面画上爱心。我进一步提升了他们的这种方法，希望他们一周做一个统计，谁的爱心最多，周末的家庭活动就听谁的，或者全家人合力满足他一个心愿。这样就强化了遵守规则的意识。

在家里，如果孩子不跟家长说起班上关于这方面的事情，我们不建议家长以第二人称的方式提出疑问跟孩子讨论。如果孩子主动跟家长交流，家长就要抓住这样的机会，如果是自己孩子做得好，家长在表示肯定的同时，要让孩子感受到，自己这样的行为，可以成为爸爸妈妈的榜样，爸爸妈妈在他们的集体，比如工作单位里面，如果能跟宝宝做得一样好，也能获得肯定。同时，让孩子感受到，家长相信他们在其他方面都能像这方面一样做得好。如果孩子愿意跟家长说自己没有做好的地方，家长也要给予鼓励，要结合孩子一些值得肯定的行为来做讲述，给孩子信心和改进的动力。

（二）如果孩子由于社会和家庭教育不同步而出现问题，可以这样处理

在一个班级里总有一些家长的教育是存在问题的。放任型家长。他们认为，教育孩子是幼儿园的事情，自己工作忙，孩子在幼儿园的时间又多，孩子出现了问题，就是幼儿园没有教育好。比如，小宇的爸爸妈妈都是做生意的，他们长期出差，家里只剩下保姆和司机。要让他们在家里帮助孩子建立集体荣誉感是不现实的。保证孩子不出危险，是他们的唯一任务。所以，到了大班的小宇能力明显弱于其他孩子。我们每周跟目标相关的家长工作，他们都没法完成。这种情况下，只有改变爸爸妈妈的态度，才能使得小宇的家庭教育较好地开展起来。为此，我们跟小宇妈妈交谈了很多次。要注意的是，跟这样的家长交谈，要把我们的目标与社会紧密挂钩。我们先跟家长聊聊社会现状，引出"集体"在社会中的重要作用。然后，请家长说说他们在集体环境下获得的好处。最后再将我们现在实施的目标告之家长，让家长明白我们这样做，能给孩子带来什么好处。然后结合一些收集的案例，比如集体意识没有建立好，对孩子产生的影响，从小没有建立好规则意识给孩子带来的影响等。让家长重视起来，在心里知道我们实施教育的重要性，然后主动表示配合我们的工

作。有了这样的前提，我们就跟家长达成一种默契，我们把每周的家长工作和一些其他家长好的教育行为发送邮件给家长，然后由爸爸妈妈派发一定的任务给家里人。同时，只要是爸爸妈妈在家里，就要结合我们的家长工作实施教育，跟孩子多交流，让孩子说一说自己在幼儿园这个集体里发生的事情。

还有一部分是不能正视孩子问题的家长。比如，我们发现有的孩子总是模仿游戏或者动画片里的怪物攻击其他小朋友，可当我们跟爸爸妈妈说起的时候，他们又说孩子在家里从来不打人，也从来没给孩子看电视和玩游戏。可是，偶然问到家里其他人，他们却说在家里也打，这些就是看电视和玩爸爸手机学来的。对于这样的家长，我们便不再追寻孩子行为出现的原因，而是直接告诉家长我们希望他们如何配合。让家长知道，我们老师面对的是全班三十几个孩子，而不是一两个，所以，我们的教育要顾全大局。对于孩子一些不良行为，我们要及时矫正，但是需要家长的配合，一方面是对这个孩子负责，一方面也是对全班孩子负责。

不管家长属于什么情况，我们都要先给他们做一个简单的分类。可以结合孩子出现的问题，填写一张幼儿行为分析表，把孩子的问题做一个阐述，再做相关的记录。还可以帮助孩子建立个案分析，对孩子的行为做实时记录，并对我们采取的措施做相关的记录。这些记录可以跟家长做适当的交流，对于问题孩子的家长，可以让他们看到孩子在幼儿园的行为，同时知道我们在做什么，并看到我们实施矫正的过程。对于其他家长，可以让他们看到只要配合我们的工作，孩子的不良行为就可以得到改进，能距离我们的目标越来越近。

以下是我做的一些表格。

No.1　行为异常孩子的情况分析表

教师：戚晓琼

幼儿姓名：苗苗	出生年月：2005 年 10 月 13 日	班级：大四班
发现行为异常时间：小班入园至今		

行为表现	苗苗常常做出一些让老师意想不到的事情。班上小朋友经过她身边，总会被她伸出的腿绊倒，看着摔倒的小朋友，她却暗自窃喜。教室里总是有小朋友告状说："老师，苗苗打我。"每每跟她说起来的时候，那种不以为然的表情便浮现在她的脸上。我们总是看到苗苗不是趴在班级的滑滑梯上，就是站在书柜上，在班里她想踢就踢，想拽就拽。很多时候，就这么跟老师一边对视，一边不以为然地"欺负"着班级的环境。一些孩子的鞋子、书包、衣服也成了她消遣的对象，要不丢到厕所里，要不拿去装水，要不扔到窗外等，只有她想不到的，没有她做不到的。每每问到她的时候，她都矢口否认。 　　有几次，苗苗把皱纹纸团小后放在了好几个小朋友的碗里，还把夹子上的铁丝也放进碗里，当我们发现的时候，她依然是那种不以为然的表情。

（续）

基本情况	家庭背景资料	苗苗的爸爸工作比较忙，在家里的时间不多，妈妈没有工作，全职在家料理家务。家里的事情都是妈妈说了算。在家里，妈妈以孩子能命令爸爸、打骂爸爸为荣，觉得这样的女孩子将来可以管住自己的老公。她希望苗苗可以和她一样掌控自己的男人。很长一段时间，苗苗喜欢摸自己的下体，我们跟妈妈说了情况之后，竟然听到她妈妈说："我知道，在家里她喜欢，我就帮她。"在她妈妈眼里，苗苗是智商很高的孩子，比我们老师、爸爸都聪明，我们对付不了她。
	个人背景资料	苗苗是一个非常聪明的孩子，她的语言表达能力发展比较好。很多时候，还是很乐意帮助别的孩子。她渴望集体的生活，渴望着被大家接纳。想象力很丰富的她喜欢画画、做手工，而且作品总是那么精致。上课的时候，只要她愿意参与，总能表现出很强的理解能力。
现状分析		我判断苗苗主要受家庭环境影响。由于母亲错误的教育观念，以及自身存在一定的心理问题，使得孩子受到影响和误导。就拿孩子是否融入班集体来说吧，妈妈总是认为孩子是读过一年小班的，来我们班级重新读小班，所以我们不接纳她。妈妈跟孩子聊天时总是把自己的判断强加给孩子，孩子在妈妈的影响下，在脑海中形成了"我们集体不接受她"这样的印象。 对于苗苗的行为，我觉得孩子很多行为是跟妈妈有样学样的，就好像打人、骂人，她觉得这样可以显示自己强大的一面。孩子的很多行为一方面想引起大家的注意，让大家感受到她的存在，另一方面是因为她错误理解我们集体不接受她，她为了发泄自己对班级的不满。
计划干预措施		在不影响其他孩子的同时，获得孩子的信任，建立相互友好的关系，让她愿意接受老师，接受班级。让她感受到我们对她的关爱。强化孩子好的行为，对孩子不良行为一点一点进行纠正。马斯洛曾利用五个层次需要的理论说明，当人最基本的生理、安全需要满足后，就会有更高层次的心理需要，孩子虽然年龄小，但仍有强烈的情感、自卑感、成功感……的需要。我们应时刻注意满足孩子的心理需要，在活动过程中发掘她的闪光点，使她在得到同伴、老师、家长的赞许和尊重的同时，感受自己在集体中的位置，让心理需要得到极大满足，良好行为习惯在满足的同时得到培养。同时，希望可以获得家长的支持，尤其是孩子的父亲，因为妈妈的问题我们不好解决，就从好解决的入手。
专家分析		老师的干预措施可行，建议实施。

No. 2 行为异常孩子的行为实时记录表

每天实时记录　　　班级：大四班　　　观察对象：李靖宇

日期：2008 年11 月5 日　　　教师：戚晓琼（动态量表）

观察记录	时间：9：30	活动：集中活动：语言
	孩子们开始了今天的第一个集中活动，只有小宇还没有参与进来。他一个人坐在认知区内，一会儿动动这栋房子，一会儿摸摸那栋房子。曾老师说："小宇，上课了。"他头也不会，假装没有听到。小宇从其中一栋房子上面取下一个装饰物，要往嘴巴里放，这时，我走上前没有说话，只是把手伸了过去。他看到我，向我点点头，把手放在我的手上，起身回到了小朋友中间。	
行为分析	孩子自我控制能力弱是因为他们的抗干扰能力弱，周边的环境很容易让孩子无法控制自己，如旁人的行为、环境的改变、异常的声响等。由于环境的改变，使得孩子受到干扰，控制不了自己的行为。同时，脾气暴躁的孩子，常常也不能自控。而这种情绪，有先天的因素，也有后天的影响，如果父母脾气暴躁，会直接影响到孩子的性格。只有孩子认可的人，能帮助他更好地控制自己的情绪。	
矫正对策	幼儿园教育	家庭教育
	加强孩子抗干扰的能力，提高孩子的心理素质、学习效率等，其自我控制能力才会得到改善。帮助孩子学会稳定自己的情绪。	父母的急躁情绪尽可能不要出现在孩子的面前。用平和的心态对待孩子的问题。
效果追踪	经过近一周的干预与矫正，孩子的自控能力有所提高，在老师的提醒下，他能感受到环境的变化，从而愿意认真做事情。	

每天实时记录　　　班级：大四班　　　观察对象：李靖宇

日期：2008 年11 月28 日　　　教师：戚晓琼（动态量表）

观察记录	时间：14：20	活动：生活活动（起床）
	"小宇，起来了。"小朋友叫道。只看见小宇在床上翻来覆去，就是不起来。小朋友从他身边走过，他都会用脚乱蹬乱踢。只要听见小朋友、老师叫他，他就会全身滚来滚去、脚不停地踢打，嘴上还不停念叨着："神经病、讨厌、神经、混蛋、一群笨蛋……"知道其他孩子都出来了，他才不情愿地爬了起来，磨磨蹭蹭地穿上了衣服。	
行为分析	孩子刚起床情绪不稳定，想通过一些行为发泄，小宇的性格特点表现出他是一个容易急躁的孩子。由于睡眠不够，孩子的情绪很不稳定。孩子骂人是因为受到环境的影响，家里的哥哥经常会用这类字眼骂小宇。	
矫正对策	幼儿园教育	家庭教育
	给孩子发泄的空间，"冷处理"是解决急躁情绪行为表现的最好方式。同时，在区域活动中，通过具体活动磨炼孩子的韧性。对于孩子不文明的语言，表示不喜欢。	家长可有意识地让孩子练字、画画或陪孩子下棋等。在一笔一画的练习中，在细致观察描摹中，在步步思考揣摩中，磨炼孩子的韧性。同时，减少孩子对不文明语言的接触。
效果追踪	这一行为与10 月17 日的行为相似，如果孩子有足够的睡眠，就不会出现这样的情况。进过近十天的努力，孩子基本上不再使用上述不文明的词语。	

最后可以将这些表格整理汇总，装订成册。

（三）当然教育不同家长理解常规背后的意义，需要坚定的原则和各种技巧

家长各不相同，每一位家长对社会生活有着不一样的经历。要让每一位家长都能理解常规背后的意义，就要结合他们的生活经验，以考虑他们的心理需要为原则来进行。不管家长经历什么样的生活，他们都离不开"集体"这个元素。我们可以结合这个元素，先了解家长对"集体"的认识和体验。比如，我们可以让家长完成一份问卷，里面包含对什么是集体做一个自我理解的阐述。可以这么问：你觉得自己在集体中的作用是什么？你获得过集体荣誉感吗？集体荣誉感带给你什么？在集体中，你如何生存？在集体中遵守规则有必要吗？为什么？你觉得培养孩子集体荣誉感有必要吗？为什么？你希望孩子在集体里建立什么样的规则意识？结合你的生活，你觉得自主环境中掌握规则的建立法则和被动接受规则哪一种更有效……这些问题都请家长结合自己的生活实际进行填写。这个问卷是促使家长把关注点放在"集体"的概念上，让家长对集体荣誉感与规则意识的关系有一个感知。可想而知，家长拿到这份问卷的时候，都会有一个思考的过程，即便不思考，或是直接上网查阅相关的信息，无形中都会让家长对"集体"在社会中的重要作用，以及规则意识在社会中的重要作用有一个认识。同时，可以帮助我们获知家长对此概念的理解，以及家长对孩子规则意识建立的需求方向。这个问卷最好能在一开学的时候就让家长填写，投石问路，先探探家长的观念，以便我们更好地开展学期计划。

接下来，我们就要对家长进行分类。根据我们班级的状况，我们把家长分成了两类，一类是比较有主见的家长，这些家长在问卷上结合自己的实际做了比较详细的阐述，他们的答案能清晰表达出自己的意思，都觉得培养孩子成为社会人，集体观念是必不可少的。一类属于随大流的家长，他们的回答就比较简单，他们把主动权交给了老师。他们的答案透露出：老师觉得好，应该就好，我们就配合做。针对第一类家长，我们就把教育嫁接在他们的经验之上来进行。用他们的例子教育他们，以此满足他们在这方面的心理需要。对于第二类家长，我们可以利用身边家长的例子给予指导。比如，在班级里可以结成对子，让比较有主见的家长影响那些随大流的家长，还可以将一些家长的问卷放在班级共享，给其他家长参考。

我们跟家长一起建立一个教育班训：民主、自愿。帮助孩子建立规则意识，让孩子感受在一个相对公平的环境下，自己愿意遵守相应的规则。建立班训是为了坚守我们的教育原则。孩子的规则不是靠被动接受、履行的，应该是一种自主的行为。我们把这个班训放在QQ群里，只要家长登录QQ，接受我们的群信息，就会看到这个班训，从而给家长起到暗示的作用。

　　同时，教育不同家长理解常规背后的意义，还需要让家长看到孩子的变化，让家长感受到孩子有一定常规意识的好处。这就可以继续一个问卷：你觉得你的孩子上大班以后有了哪些规则意识？你觉得这些规则与孩子今后的生活有关系吗？请举例说明。因为班级家长之间已经建立了比较好的互动氛围，所以，家长会主动把这些内容放在班级的 QQ 群里分享，跟其他家长一起讨论。

第六章

幼儿园老师建立常规要注意的事项

面对大班额孩子，老师的工作可不容易。事前抓好这些重点，应该会有一定的帮助。

即便老师已经学习了基本的教育理论、积累了一些实践经验和方法，但在教育教学的具体实际工作中、在某些特定环境下，还是会犯一些"不该犯的错"，尤其是在带小班新生这第一年，还会有"很努力但没有效果的委屈"等。敢于自我反思的老师，可能会从自己的言行、教学计划、组织、沟通中找到问题的根源。我们发现，犯错的不是只有新手教师，一些老教师也经常犯"低级错误"。所以我们有必要把这些常犯的错整理出来，给自己提个醒，给老师提个醒。面对不同年龄阶段的孩子，老师们应各有侧重。

一、小 班

小班孩子刚刚正式走入集体生活，会带来各自在家庭中养成的行为习惯、语言、性格特征等，所以让这群孩子走进集体生活，建立集体活动常规，尤其在今天幼儿园大班额的现状，还有家长们各种各样的家庭教育背景下，是非常有挑战性的。一些有效的、正面的方法会帮助我们更容易面对这些挑战，而一些负面的言行肯定会带来更多的麻烦。所以带小班的老师们，我们要一起每日三省，避免犯下面这些错误。

（一）面对孩子常犯的错

1. 小班教师角色定位是老师还是妈妈

小班教师的角色定位是首先应该明确的，这和中大班教师有明显的不同。带小班的老师首先要有心理准备，我们做的既是老师的活，又是妈妈做的事。这都是由孩子这一阶段的年龄特点、心理特点决定的。他们自理能力还很弱，进园时绝大多数不会擦屁股，甚至拉尿都要帮忙脱裤子；他们都还很依赖，大多数父母在情感和独立性方面都呵护有加，这是社会现状和事实；他们可能很倔强、自私又逆反，但这是这个年龄阶段孩子的正常表现；他们会抢玩具、生气大哭，动手动脚还动口，因为这个时期的孩子还不会处理社会交往中的问题；很多带小班的老师都有过被孩子咬、踢、打的经历，孩子可不会管你是谁；他们也会经常破涕为笑，超可爱地让你抱抱等如果没有做好心理准备，不了解这一阶段孩子的特性，没有足够的爱，你带小班一定会"疯掉"。我们要做好"虽是老师，却像妈"的准备，像他的妈妈一样，会在他需要的时候抱着他，会耐心地一遍一遍地教他提裤子……因为只有赢得

孩子的爱，他们才会融进集体、遵守规则。

有一点不同的是妈妈也许可以对自己的孩子偏心，但老师不可以。有的老师喜欢某个孩子，就让他叫自己妈妈或干妈，经常逗某个孩子玩等，这样不仅对其他孩子造成心理上的伤害，而且被当做干儿子的孩子会有特权感，学会讨好老师，敢触犯规则，非常不利于孩子的健康成长，而家长也会有看法，不利于家园工作的开展。

还有一点要注意的是，老师≠妈妈，我们可以玩"小猫妈妈""小猫宝宝"的游戏，但不能让孩子叫我们"妈妈"；我们可以代替妈妈照顾孩子，但我们不能代替"妈妈"这一角色。有些老师认为让孩子叫自己妈妈会让孩子感觉亲切，认为这是师生关系好，其实叫老师"妈妈"会混淆孩子对"妈妈"的角色概念，难道喜欢他、照顾他们的就是妈妈吗？

2. 说不清、说错话

该说的说不清，不该说的，张嘴就来，是很多老师没有意识到的"大问题"。老师可以把自己带班一天讲过的话录下来听听，数数有多少废话、不该说的话、没说清的话，这个很值得我们反思。

小班孩子的学习特点就是好模仿，他们对语言的表达、理解能力都还有限，所以教师的言行对孩子的影响非常大。老师应尽量用正面的语言，完整、清晰、明确地表达，千万不能讽刺、挖苦和恐吓。有时候老师以为自己讲清楚了，不知道孩子怎么就不明白、做不到。例如孩子们在进餐时，老师要求孩子"坐好"或"坐端正"，可孩子做不到，因为他们不知道什么是"端正"，什么是"好"。对小班的孩子，语言一定要清晰明确，孩子才会懂，比如可以这样说，"请把小屁股靠后坐，两只小脚放在椅子前，一只手扶住碗，一只手拿勺子，一口接一口吃"，孩子们就会明白，还会边学着说边做。

有些老师有不好的习惯，一着急就用语言恐吓、挖苦孩子，过后也会觉得不妥，但当时又想不到好的对策，这是因为我们老师缺乏处理孩子行为问题等经验，还不能真正做到尊重孩子。其实缺少经验不要紧，但不能着急说话、表态，更不能说"解气"的话，应想好再说。小班孩子能很快模仿出老师的语言，你的话音刚落，他们马上就学样了，弄得老师哭笑不得。像"你再不吃饭，就让你妈妈最后一个来接你"，这样的话，用了几次，孩子们知道老师在吓他后，就不再有用了，所以不要老说无效的话。

3. 低估孩子在常规建立中的作用

在小班常规建立的过程中，孩子们经常是被要求和约束的一方，很多老师没有想过，除了老师，孩子也是规则的建立者和监管者，而且是非常认真的监管者。有一次，天气冷了，孩子中出现了几例肠道病患者，我要求孩子们尽量都喝温水，我还告诉孩子们黄灯亮表示温水加热好了，可以喝，红灯亮了表示正在加热，还不能喝，大家互相提醒。我只介绍一遍，孩子们就能看灯喝水了，而且总有热心的孩子站在饮水机旁边提醒："等一下，不要喝，水还没加热好。"就这样，孩子们互相提醒和监督，我可以腾出精力和时间了。

有些老师可能会担心孩子们有了"权利"会"多管闲事"、"越管越乱"，其实关键就是老师怎么做。首先，规则是怎样建立起来的，再看老师如何处理违反规则的事或人。老师的方式是积极地，孩子们就慢慢学会积极地对待触犯规则的同伴；老师的语言是关心的、建设性的，孩子们也一定会用这样的语言来"管事"，不仅不会"越管越乱"，相反，既能锻炼孩子解决问题的能力，还能强化孩子遵守规则的意识。

4. 孤立犯错的孩子

我们经常看到，犯错的孩子总是被教育、被指责、被当反面教材。老师指责，孩子也会学样，犯错的孩子就变成众矢之的。老师用负面教育方法处理问题，这样不仅起不到积极的教育效果，而且班级的氛围一定也是缺少关心和包容的。

小班孩子自我意识强，缺少社会交往经验，所以他们会遇到很多困难和挑战。例如，想要的玩具已经被别人拿走了，洗手不知道排队等。而且建立常规的过程也很不稳定：同伴的影响、情绪的波动、情境的变化都会让孩子做出"反常的行为"，需要老师非常耐心地引导和细心地观察问题的缘由，有效地解决。安全感是这个时期建立常规的保障，所以对于犯错、触犯规则的孩子，老师更要多加关怀和倾听。别看小班的孩子年纪小，他们完全可以感受到老师是不是爱他，孩子感受到老师的爱就会愿意改正自己的不当行为。说到这，我想起了班里的朵朵小朋友，她虽然是个女孩子，但自称"超人"，调皮得很，每次睡午觉都在床上翻滚、嘴里还嘀嘀咕咕地玩得起劲，每次提醒她她不理，批评不在乎，但只要我走过去，微笑着轻轻地抚摸她的脸，她马上会像只小花猫一样笑眯眯地闭上眼睛，很快就睡着。还有铭铭小朋友，动作快又霸道，抢玩具、咬人、取餐不排队……我总帮他"解围"："铭铭是不是太着急了，老师知道你是想和同学一起玩对吧，我们来看看是哪里出问题了，要不要我帮你？"先终止他的不当行为，取得他的信任，再倾听他的意图，给出建议。老师处理问题的态度和方法，潜移默化地影响着孩子，也使那些易触犯规则的孩子愿意接受老师的建议并逐渐融入集体。

5. 好与人为师，习惯"落地有音"

虽然我们是老师，但千万别把自己太"当回事"，老师说的真的不一定都是对

的，在孩子的世界里，我们还"很无知"。总以自己的标准要求孩子的老师，一定经常受挫。在刚组建的新班级里，每一个孩子，我们都需要真诚地了解、研究。比如，欣欣不肯吃饺子，原来是吃到一口姜；佩佩倔强不合群，和她从5个月开始，2年间做过三次大手术有关；阿光不拍球，反问"老师，怎么拍球"、"你拍给我看"、"哪只手拍"，原来他左手、右手、交替拍都会；阿超从不接受老师的"帮忙"，因为他坚信自己能做到，即便没有老师要求的那样好；小明咬了阿星的脸，因为他要保护自己的玩具，又怕推开抢他玩具的阿星，被老师发现了会批评……只有先倾听孩子，了解孩子，了解事情的缘由，我们才有可能理解孩子，才能做到尊重他们的言行和情感。

老师们在理论上可能都会说，每个孩子的成长速度是不一样的，孩子是有个性差异的，但在常规培养过程中上，却总希望"落地有音"：老师说过的，就要求他们都做到，否则就觉得孩子不听话或自己没有威信，从而变得烦躁。耐心是每位老师都应具有的，尤其是对小班的孩子、不遵守规则的孩子，理解孩子的差异，耐心陪伴他们小步成长，对不同的孩子采取不同的策略，在不同阶段采取不同的策略。我们班里的小宇就是典型的例子，他在开学两个多月后终于能接受坐在角落里参加集体活动了。从哭着不肯来，到每天只坐到走廊里等妈妈，后来只在自己的座位上坐着，不参加活动，到今天能安静地坐在一边听老师讲故事，真是很大的进步，只是经历了2个月时间。当然，也有更长时间的，其实到底要经历多长时间，我认为只有老师了解孩子，才能针对特定的对象灵活把握。

6. 老师带头不守规则

自选活动时，教室里说话声音最大的是老师，老师喝水不排队，老师的用品乱放……在这些老师眼里，规则都是要求孩子的。但自己都没有好习惯，怎么能起到正面的示范作用，又怎么去要求别人呢？我们只有不把自己当成例外，谨言慎行，才能不愧为教师。

7. 常规要求只靠嘴

小班孩子进入集体生活，一下子要面临很多问题和挑战，但如果只靠老师空口说教、提醒效果并不好。小班孩子容易受故事情境和角色的感染，所以可以把一些常规教育的目标落实到生动有趣的教学活动中。例如，在儿歌《学样》中孩子们可以找到坐立行的榜样；通过阅读《嘘》，孩子们知道什么时候要轻轻地行动、怎样做才会轻；音乐活动"碰一碰"，让那些"碰一下就要还手"的孩子们找到"碰"的乐趣，这可是交朋友的第一步；体育游戏"老猫睡觉醒不了"、"小孩真爱玩"让孩子很快学会了听口令。有了这些教学活动的支撑，再谈常规要求，孩子们就更愿意接受和遵守了。

8. 让孩子分享自己带来的玩偶

分享不是懵懂期孩子愿意做的事，因为他们正是自主意识超强的时候，典型的特征是"自私"，爱说的是"这是我的，不给"。所以，让小班孩子分享，一定是不了解孩子发展特点的外行人做的事。所以带玩偶来幼儿园，一定是每个人都有，否则会带来很多麻烦，他们有可能会同意交换，但不代表可以分享同一个东西。所以在班级环境创设中，为了减少不必要的日常纠纷，区域尽量小而封闭，以大量的同类玩具为主。

（二）环境创设中常犯的错

在环境创设过程中，老师们都非常用心，精心设计，区域操作材料也都非常丰富。区域中有一个问题最让老师们头痛，那就是材料和玩具使用后的归位，每天收拾区域活动材料，大大增加了老师的工作量。还有就是孩子们在自选活动时，总是有处理不完的冲突和问题，老师忙得不可开交："老师，这里谁放错了"，"老师，我打不开"，"老师他抢我的"……遇到这些问题，我们首先该反思的，就是自己哪里没做好。可能是：标识不清、孩子不理解规则、材料不实用，或者其他什么问题。

1. 标识不清

不要以为自己已经标识得很清楚了，只要孩子在自主操作过程中有问题，我们的工作就一定是没做细，我们就在孩子那里找答案。在很多地方我见过这样的标识：三角形、圆形、红色、蓝色等，它们和对应的操作材料完全无关，只是柜子上和托盘上的一样标识而已。这样的标识不但不容易让孩子直观看到托盘中的材料，而且容易产生混乱，带来麻烦。尤其对于小班的孩子，照片或图片是很实用和明智的选择。在设计操作材料时，也建议适当使用图片做操作指引，它们就是不会说话的老师，是老师的帮手。这样的环境更能保障孩子们的自主活动，解放教师。

2. 规则自定

在制定区域活动规则时，不要认为小班孩子还小，就全部由老师代替，这样做孩子不但难以遵守，更是剥夺了孩子的权利和学习机会。孩子们通过游戏发现问题、讨论解决办法，制定规则、遵守规则、修改规则，才能理解和内化规则，提高孩子发现问题、解决问题等综合能力。规则的制定和遵守应是一个过程，而不是最终的结果。

小班孩子的行为控制能力较弱，一下制定很多条规则，他们难以做到，老师也很难同时要求到，最后会变成空谈。所以小班区域规则的制定应尽量具体、明确、

内容少，可以一段时间做一定的调整。例如，刚开始进行区域活动时，我们只要求"玩具玩玩送回家"，两周后，又增加"声音轻轻像小猫"、"玩自己的材料"等，循序渐进，孩子们也会很有成就感。

3. 求美、求特，不实用

老师在进行班级环境创设时，通常犯的毛病是把环境创设当成自己才艺和喜好的展示，没有把环境还给孩子，没有充分考虑孩子的需要。比如说，小班美工区的材料和工具是否恰当，摆放是否利于孩子使用、收取，是否给孩子留有涂鸦的位置，孩子们未完成的作品应该放在哪里，自主活动中产生的废纸、废物孩子们知道如何处理吗，胶水弄脏手了怎么办，如何展示孩子们的作品等。如果能够站在利于孩子活动的角度去思考和设计区域，这个区域一定会深受孩子喜爱。

（三）面对家长常犯的错

家长工作是小班第一年面对的重要工作之一，因为家长们非常担心孩子到新环境中的适应情况，这个阶段，家长的焦虑绝不比孩子们的焦虑轻。这一年是我们观望、试探、磨合到建立感情和信任的关键阶段，所以要求老师工作更要主动和细致，有时处理不当，一点小事也可能在家长那里掀起轩然大波，打击老师的工作热情，使得家园关系紧张，难以进一步开展工作。

1. 告状、诉苦——让家长心慌

孩子们之间的打闹、孩子突然的反常等需要向家长反馈的问题，老师们一定都遇到过。说好事容易，说问题就要讲技巧了，因为从老师嘴里说出的话，家长们大都是很重视的，另外通过老师反馈问题，家长也能看出教师的"水平"。告状，是家园工作的第一大忌，老师们切忌用向家长投诉孩子的问题、告状的方式向家长反馈问题，也不要直白地只说问题，我就有过这样的教训。

案例 1：丹丹退学

我一直忘不了丹丹的退学，起因就是我在没有了解她的家庭背景时，向很少来接她的妈妈直白地反映了一些我看到的问题。丹丹平时都是爸爸接送，每天到园已经 9 点多，每次我们也就是简单地和爸爸聊两句，那天刚好妈妈来，妈妈关心地问我丹丹的情况，我就"抓住机会"向她反馈了丹丹口齿不清，以及自选活动很多时候还处在游离状态，参与活动不够主动等情况，希望妈妈平时家里多注意引导和示范、多抽时间和孩子玩游戏，妈妈听得很认真，也认同我的观察，还一起分析了原因。但第二天丹丹就请假了，第三天妈妈就提出要退学。我没有想到第一次和丹丹妈的沟通居然带来这样的后果，马上给她打电话。原来这两天她妈妈非常紧张，带孩子去看口腔医生，去咨询当过幼儿老师的朋友，她朋友给她的意见是"老师不喜欢丹丹，对她有偏见，最好转学"，她完全相信自己的朋友，还因为每天晚送的事两夫妻吵了嘴。之后我的解释也无法打消丹丹妈的顾虑。

丹丹的退学给了我一次深刻的教训：不同的家长一定要采用不同的方法，不能简单直白地说问题，这样会让家长产生误会和错觉，而且问题不要积累在一起才说，平时要注意多沟通。向家长反馈问题，也是传递教育理念的机会，老师的态度和方法直接影响家长的教育行为。

案例2：果果杯子里的泡泡

我在饮水机旁边照顾排队喝水的孩子，突然发现正在接水的果果杯子里起了很多泡泡，我马上意识到不对劲，连忙上前制止果果："为什么你的杯子里有泡泡？"果果说"不知道"，我追问："你刚才洗杯子了吗？"果果说："是的。""用洗手液了？"果果怯怯地点点头。我明白了，蹲下来说："这杯水不能喝了，里面有洗手液，所以才会有泡泡。"下午妈妈来接的时候，我向妈妈反馈果果的行为："果果在家里是否有机会帮忙做家务什么的？"妈妈笑着说："有呀，我们在家里什么都会让他尝试做的，帮忙摆碗筷、扫地呀，他很喜欢呢。"我连忙肯定："小家伙很喜欢动手尝试，你们能给他机会，满足他的好奇心和学习的欲望这很好，那今天回家就教教他洗碗吧，学会洗碗的步骤，还要冲洗干净洗洁精呦。"我把白天的事情给妈妈说了一遍，妈妈非常感谢老师及时发现了问题，也非常佩服老师的建议和解决方法。在家长的配合下，果果再没有用洗手液洗杯子了。

2. 反馈不及时——造成误会，变得被动

在常规建立过程中，很多老师会用到一些直接纠正或暂停孩子活动的方法，这就需要及时向家长反馈，一则告知家长你的意图和策略，求得认同达成共识，二来请家长关注孩子的情绪等反应，以便做出及时的引导。怕忘记及时沟通，可以设一个"小贴士本"随时记下来，如果离园时忘记了，可以再打电话沟通。总之，争取主动和真诚沟通是关键。

案例3：姗姗睡到小房间里了

我们班级创设了一个新的区域——一个大纸箱改装的带纱帘的"秘密房间"，孩子们都非常喜欢到里面"私聊"。中午午睡的时候，孩子们都想进这个

漂亮的私密空间睡觉，但只有一个位置，老师就"奖励"给较难入睡的姗姗，姗姗高兴极了，在里面很快就睡着了。几天后在离园的时候，玲玲妈妈向我们透露："姗姗妈妈最近好像很不高兴，可能要找你们呢，她这人比较心直口快，你们要有心理准备。"我们一了解，原来是听孩子们说她家姗姗被安排去了"小房间"睡觉，所以很生气。听她这么一说，保育老师也有印象了，她反映说前两天姗姗妈在接孩子的时候，总往里面望，望了几次也不知道望什么。得知这个信息，我有意在离园时，装作什么也不知道，邀请姗姗妈妈到教室里参观我们的"私密空间"，"看，这是我们刚做的，孩子们好喜欢呢"，"好漂亮呀，你们老师可真会想，这干什么用的呀？"听到妈妈的称赞，我马上接话："你家姗姗可喜欢来这里玩呢，这里叫'秘密房间'，我和她约定，只要她能快快入睡，我就请她来这里睡觉，没想到她真的做到了，小朋友都好羡慕她"，姗姗妈眼前一亮地说："是吧，她能很快睡着了？我说什么小房间呀，原来就是这里吧。"看着姗姗妈高兴离开的背影，我也笑了，其实解开小结很简单，巧妙真诚沟通就好。

3. 和家长反馈什么——新手教师的顾虑

很多新手教师怕说错话，不知道该和家长从哪里说起。其实很简单：家长关心什么就聊什么，最主要老师是否了解每个孩子的情况。小班的家长关心的都是孩子在幼儿园的吃、睡、拉、玩、有没人欺负等。老师可以从这些方面开始，过渡到对孩子的常规要求，取得家长的配合。比如孩子们的洗手常规的建立、习惯的培养，家园配合才能产生积极的效果。不是每个家长都会重视让孩子自己正确洗手，但到集体中生活，洗手就非常重要，传染病就从这里开始传播的。老师可以从健康的角度出发，请求家长重视和配合，尽快培养孩子正确洗手的习惯。

（四）面对同事、幼儿园常犯的错

在常规培养方面，我相信，每个老师都有自己的智慧，所以就如同要求孩子一样，我们每个班的老师在常规培养的策略上也都是百花齐放的。孩子常规的培养和建立也绝对不是一位老师、一个班级的事。

1. 自信心不足——在意别人的评价，乱了方寸

在一个幼儿园，免不了大家会比较："你们班常规真好呀，我们班怎么就那么多问题呢？""别的班好"的现象很普遍，"自我感觉良好"的也有。我们还是提倡纵向比较、客观分析，因为每个班的孩子不同、老师不同，所以"常规风格"也不同。但有些老师很在意别人的看法，并因此而"改过来改过去"，反反复复，产生厌烦情绪。常规建立也是有规律可循的，被别人评价而打乱计划的老师多是缺少经验和自信的，这时除了多方面听取老教师经验、制定计划，还应该一步一步地自己做、自己感受，只有这样才能总结经验，对自己的计划和实施做到有理有据。

案例4："我要爆炸了"

小李老师是刚毕业一年的年轻教师，刚好又安排在小班，对小班常规的建立和培养可以说毫无经验，她学着班里老教师的样子，对哭闹、违反规则的孩子耐心引导、心平气和地指正。虽然她很多时候还是不知道该怎样面对触犯规则的孩子、发现环境创设中的问题，但至少内心是平静的。一次班里老教师请假没来，行政张老师来顶班，张老师面对这群"不听她指挥"的孩子发起了牢骚："你们班常规可真该整整了，不整肯定不行的"，"你不发火谁会听你的，你看别的班常规多好"。从这天开始，小李的心开始烦躁起来，看到孩子常规不稳定，她就开始变脸了，可这样的效果更糟糕，小李觉得越来越难忍受："我都快要爆炸了，他们为什么不听我的？"

负面的行为带来负面的情绪，这样的恶性循环怎么会取得好的效果呢。在别人的评价下，小李放大了问题，看不到自己的成绩，还扰乱了情绪。当班长和她分析自己班级的情况和成绩后，小李的心才开始舒展。班里几位老师一起制定下一阶段计划后，小李的心里才有数了。

2. 沟通不到位——常规建立缓慢

在常规建立初期，班级几位老师每天都需要碰头，交流各自观察到的情况，制定第二天的常规培养计划和重点关注人群。

案例5：进餐环节的突破

进餐环节的常规，是小班第一学期需要重点培养的内容。经过一个星期的观察，保育老师整理了班级每位小朋友的进餐习惯、饭量和存在的问题，这些问题是从家里带来的，但直接转交给家长，效果并不好。我们首先制定了跟进的阶段计划：第一阶段：先学拿勺子，端正坐姿，鼓励自己吃，饭后擦嘴漱口，预计两个星期。第二阶段，培养不掉饭粒、不剩饭，坐下来吃饭不到处走的常规，预计两个星期。第三阶段：鼓励不挑食和培养餐后阅读常规。三位老师统一思想，制定相应的教学计划：主题活动"好吃的食物"，语言活动"多多什么都爱吃"；歌

曲"真好吃"、"三明治",还有科学活动"味道",品尝活动、制作活动等。我们把计划也发给家长一份,希望得到他们的支持。每天进餐环节,三位老师有计划地关注重点对象。就这样通过全体老师的努力,进餐环节的常规建立起来了。家长也反映孩子们两个多月以来,在家里能自己动手吃饭了,有的孩子三年不吃青菜或肉类,现在也吃了,家长们非常高兴。

只有班级教师对常规的要求一致,有计划、有重点地培养,孩子才更容易掌握和保持。

3. 问题不敢上交——怕丢面子、怕挨批

在常规建立方面,小班孩子有其特殊性,很多因素会影响班级常规的建立,比如人员合作、师生比例、生源渠道等,老师首先不要怕丢面子,不好意思把问题提出来。俗话说"爱哭的孩子有奶吃",与上级建立良好的沟通,获得帮助和理解,可以舒缓班级教师的压力,所以我们要学会借力。

案例6:插班生

小班开学一个月,孩子们刚刚稳定不久,班里来了两个插班生,一下子就把几个"脆弱的"孩子的情绪给扰乱了,晨接的时候又"热闹起来",老师们又要带孩子做早操,又要安抚激动的插班生、安慰被影响的"易感人群",人手一下子紧张起来。刚好园长巡班路过,我没有遮掩,而是连忙迎上去"诉苦求助",看到眼前的情形,园长马上叫人救急,安排老师在晨接的环节支援我们班。领导的决定也体现了对老师的支持和爱护,无形地给我们打了一针兴奋剂。

案例7:特别儿童能特别处理吗

刚开学两天,我就发现君君"有问题":不说话,玩具筐看见一个推倒一个,对面前的小朋友就像没看见一样,直撞过去,不管不顾。经过家访,妈妈也直言孩子的问题。我断定孩子在社会交往、语言沟通等方面存在障碍,就把问题搜集好交给园长,园长建议让君君妈妈进班,一边照顾孩子,一边共同制定教育策略,我和君君妈妈沟通后,她同意了。但第二天,只是跟了第一个上午,妈妈就决定退学了,并直接找到园长投诉我。因为方案是我在园长指导下做的,所以她很清楚,向家长解释,但家长不愿意被当成"特例",不认同老师采取的教育策略,也不想继续商量更好的解决办法,最后我们只有放弃了。幸好我及时把班里的情况向园长反馈,得到了领导的帮助和支持,虽然家长的不理解我能接受,但我依然心有余悸,试想当初若没有把问题说出来,可能后面的问题就要我一个人扛了。所以,自己没有把握的问题一定要上交。

二、中 班

老师在一日生活的各个环节都可能犯错，我们整理归纳，并将可借鉴的行为、语言及其意义罗列如下。

1. 来园、早锻炼	
● 不适宜行为 经常忽视幼儿到园时的打招呼；不允许幼儿有迟到的现象发生，并且教师会严肃地质问；非流行疾病高发期也不允许家长带幼儿进入教室。	● 适宜行为 每位幼儿到园时均有教师给予问候，让幼儿感到教师很高兴见到他们，教师微笑并使用令人愉快的声调说话；教师十分尊重家庭的独特性，允许幼儿迟到也会了解原因，并帮助解决临时问题，与幼儿对话平等、平和。
● 不适宜语言 "×××，你又迟到了，怎么总是迟到？"（责备） "早上好！"（敷衍） "快把书包放好，要做早操了。"（命令）	● 适宜语言 "×××，来迟了，没有关系，老师知道有原因的，告诉老师吗？"（理解） "×××，早上好！今天心情怎样？"（关注） "书包放好了吗？我们一起去做早操吧。"（平等）
● 负面影响 教师催促的语言会促使幼儿养成"充耳不闻"的习惯，教师的质问也会令迟到的幼儿不敢走入集体中，变得更加胆怯。	● 正面影响 从这些话语中不难看出教师和幼儿间的平等与尊重，这种师生关系有助于幼儿形成稳定、愉快的情绪，潜移默化地养成与人友好、平和交往的态度。
2. 回教室、放书包	
● 不适宜行为 幼儿做完早操回班级的途中，喜欢和同伴谈天说笑，教师见状会予以制止，要求幼儿安静地、一个跟着一个地走回班级；幼儿在途中发觉有趣的事情，如发现昆虫或新绽放的花朵，教师不予理睬，表情冷淡。	● 适宜行为 教师鼓励幼儿相互帮助，如帮忙把书包背在肩上；鼓励幼儿和自己的好朋友手牵手，教师也被众多幼儿牵着，一边走一边谈天说笑；教师对于幼儿在途中的发现及时予以热情支持和回应。
● 不适宜语言 "衣服不要到处放，要把它挂起来。"（命令） "放书包时不要聊天，赶快进教室洗手吃饭。"（命令） "你不要挡在门口，别人怎么走呀？"（批评）	● 适宜语言 "知道将衣服挂在哪里吗？需要帮忙吗？"（理解） "教室里的小朋友开始吃早餐了，你们有什么打算呢？"（提醒） "如果你把门口的路让出来，别人会方便很多的，谢谢你能为别人着想。"（启发）

（续）

● 负面影响　　教师经常使用命令的口气对幼儿说话，幼儿在较短时间里便能模仿老师的口气与家人或同伴对话，长此以往定将影响幼儿社会性发展。	● 正面影响　　教师和颜悦色，不仅让幼儿心情愉悦，而且有助于幼儿形成为他人着想的品质。
3. 早餐（午餐）	
● 不适宜行为　　不论幼儿食欲如何，都必须完成教师定量的饭菜；教师不允许幼儿一边吃饭一边聊天，甚至对这一举动感到厌恶，坚决制止，采取体罚或变相体罚的方式对待幼儿；强迫幼儿进食，对于食物过敏的幼儿没有调整措施。	● 适宜行为　　幼儿可以根据自己的需要选择合适的分量，自己端饭菜、添饭菜；教师鼓励幼儿清理桌子，擦拭溢出的东西；教师不仅允许幼儿一边吃饭一边聊天，还和幼儿坐在一起聊天；对吃饭有困难的幼儿予以适当的鼓励和帮助，也允许他们按自己的速度吃饭。
● 不适宜语言　　"吃饭不要讲话，听见没有？"（命令）　　"是谁还在讲话，请她（他）站出来。"（惩罚）　　"不许浪费粮食，吃不下也要吃。"（强迫）	● 适宜语言　　"吃饭时可以聊天，不过要注意气温，天冷时就少聊一些以免饭菜都凉了，好吗？"（商量）　　"我们聊天小声一点，这样好听的音乐就能让每个人都听得见。"（提醒）　　"如果胃口不好可以选择少量的饭菜，这样既不会浪费粮食，也能愉快进餐。"（理解）
● 负面影响　　吃饭时不允许幼儿聊天，既违背了人的天性也会促成幼儿偷偷聊天的习惯，当教师再次看见幼儿偷偷聊天时，便会非常恼火地做出伤害师生关系的事情，对幼儿的心理健康发展非常不利，幼儿不能愉快进餐，谈何健康快乐成长。	● 正面影响　　教师把幼儿当成是"活生生"的人来对待，创设愉快的进餐氛围，允许幼儿一边吃饭一边聊天，既顺应了人的天性又促进了幼儿的语言表达；教师分别为幼儿提供少些、不多不少和较多的饭量供幼儿自由选择，既尊重了幼儿的个体需要又培养了幼儿的自主性。
4. 晨谈（做计划）	
● 不适宜行为　　教师心中没有计划，每天和幼儿的交谈比较随意；教师居高临下，没有温暖、亲和的氛围；教师的言语远比幼儿多；教师与幼儿交谈时，只是让幼儿说出了想法，却不能捕捉有价值的线索，进行追问和提升经验。	● 适宜行为　　教师将全班幼儿分成几个小组，每天不仅关注每个幼儿的想法，更要重点关注其中一个小组幼儿的想法；先用完早餐的幼儿先与教师交谈，教师对用餐慢的幼儿也保留一定的时间进行交谈；等其他幼儿都交谈过以后，教师再和轮到当天被特别关注的小组幼儿进行深度交谈；教师和幼儿围坐在一起，允许幼儿每天轮流坐在老师身边或身上，并微笑着与幼儿交谈；交谈中教师能迅速捕捉有价值的事件进行分享和提升。

（续）

● 不适宜语言	● 适宜语言
"你每天都去'娃娃家'里玩，其他的本领都学不到，今天不许去了，换一个区域玩。"（责备） "你想去美工区做什么？哦，画画是吧？记得收好东西。"（命令）	"关注小组的小朋友，我们一起来听听其他小朋友的工作计划，然后老师再和你们详细地谈工作计划，好吗？"（商量） "×××小朋友，愿意说说你今天想去什么区域工作吗？"（尊重） 让幼儿轮流说。教师追问关注小组幼儿计划，如"你想去娃娃家里做些什么事情？想当一位怎样的妈妈？你打算怎样给娃娃喂牛奶？怎样知道娃娃喝饱了呢？"（挖掘价值） "谁能够告诉她，给娃娃喂牛奶时还应该注意些什么呢？"（提升经验）

案例 1.

芯芯今天是被关注小组成员之一，她优先享有做计划的待遇，她打算去娃娃家当妈妈。妞妞见状，瘪瘪嘴巴哭了起来，老师把妞妞抱在怀中开始了对话。

老师："妞妞，你怎么突然哭了呢？"

妞妞："我也想去娃娃家里当妈妈，我一次都没有当过。"

老师："是吗？小朋友，你们记得妞妞有没有当过妈妈呢？"（当过好几次了）

妞妞："可是我还想当。"

老师："我们知道你很想再当妈妈，可是，今天是芯芯的关注日，再说她上次让你当过一回妈妈，你还记得吗？（妞妞点点头）今天也请你把这机会让给芯芯可以吗？"

妞妞想了想："那好吧，我去当姐姐吧。"

案例 2.

彤彤在娃娃家里扮演 20 岁的姐姐。

老师："彤彤开始在做计划时说，要去娃娃家里当 20 岁的姐姐，我们很想知道你都做了些什么工作？"

彤彤："我扫了地、煮了饭，还抱了娃娃。我想给娃娃喂牛奶，可是那个奶瓶被施施拿了，我就想，算了吧，我还是找个杯子给娃娃喂奶吧。"

众幼儿："可是杯子会把娃娃的衣服打湿的，还会呛到。"

彤彤："我很小心，一点一点地喂的，没有打湿衣服，也没有呛到娃娃。"

老师："原来，你做不到的事情有可能别人做得到。还记得她是多大的姐姐吗？（20 岁）你们认为 20 岁姐姐的本领是大还是小呢？（大）谁想用恰当的词语来夸奖这位姐姐呢？"（有爱心的、有责任的、细心的、会照顾人的、谦让的、能想着别人的、聪明会想办法的……）对大家的赞扬声你还满意吗？

彤彤："满意。"（笑了）

（续）

● 负面影响	● 正面影响
教师不能保证每个幼儿的"公平性"，又怎能获得幼儿发自内心爱戴老师之心，又怎能让幼儿身心健康发展？教师如果长期只重视幼儿学习的结果，而忽略幼儿学习的过程，将导致幼儿变得急功近利。	教师将全班幼儿分成几个关注小组的做法，非常适合当今国情，使每个幼儿每周都享有一次教师对自己的特别关注，有益于幼儿归宿感的形成和安全感的建立，也让幼儿感受到老师的爱是一视同仁的；教师在追问中，不仅拓宽了幼儿的生活经验，而且提高了幼儿解决问题的能力。

5. 学习活动	
● 不适宜行为	● 适宜行为
教师在上午时段里，安排两个以上的集体学习活动时间，不论幼儿对该活动是否有兴趣，教师依然会按教案执行，察觉不到幼儿的感受和变化；身体接触主要是用来控制幼儿，如幼儿不愿意时才加以拥抱；教师只把互动的机会留给个别性格开朗的幼儿，教师和幼儿的互动时常不愉快，如声嘶力竭或易发怒；教师也不鼓励幼儿间的互动，不鼓励幼儿讲话，幼儿很少有机会选择自己的玩伴。	教师在上午时段里，安排的自选活动占总活动量的60%，有组织的活动占总活动量的40%；教师还会根据幼儿的需要，支持他们的生成活动；教师乐于跟幼儿相处，鼓励幼儿彼此尊重，如教师等幼儿问完问题才开始回答；鼓励幼儿在成人说话时要有礼貌地倾听；教师会为幼儿创造机会让他们合作完成一些工作，如好几个幼儿共同煮一锅汤圆。
● 不适宜语言	● 适宜语言
"上课了，你怎么还没有回座位？"（责备） 　"上课的时候小朋友不能离开座位，有尿的赶紧去尿。"（控制） 　"上课的时候不许讲话，两个好朋友分开坐。"（控制）	"我们来玩个手指游戏，等等后面的小朋友，好吗？"（理解） 　"在活动中如果小朋友有事情，如小便、擦鼻涕等，可以轻轻离开座位，不用跟老师请示。"（支持） 　"小朋友可以和自己的好朋友坐在一起，方便互相帮助。"（鼓励）
● 负面影响	● 正面影响
幼儿园采取小学倾向的教学模式，违背了幼儿身心发展规律，幼儿在被动的学习状态下容易形成不良的学习习惯和学习态度；教师的高控制行为越多，幼儿的反弹心理会越强。	教师顺应幼儿的发展规律，创造大量供幼儿自主学习机会的同时，安排有组织的学习活动，既面向全体幼儿，又满足幼儿的个体需要；教师在尊重幼儿需要的同时，幼儿也逐渐理解要遵守集体规则的道理，久而久之达到规则内化的目的。

6. 回顾与分享	
● 不适宜行为	● 适宜行为
教师催促幼儿快速结束手上的工作，没有充裕的整理物品时间；教师没有帮助幼儿形成良好的倾听习惯；教师对于幼儿的回顾把握欠佳，不能有效地提升幼儿的经验。	教师允许幼儿将物品整理完毕才就座，不催促任何一个幼儿，同时能和已经整理好物品的幼儿一起游戏；教师能较好把握幼儿回顾时有价值的点进行提升。

（续）

●不适宜语言	●适宜语言
"×××小朋友，你的动作太慢了，大家都在等你一个人呢！"（催促） "娃娃家的小朋友今天很不乖，东西都没有收好，请再回去收，收好了才可以过来。"（责备和命令） "你说得不对，听听别人是怎么说的。"（批评） "你能获得成功，要感谢×××小朋友，是他一直在帮助你，你应该鞠躬感谢他。"（命令） "这个作品做得很好，快把你的想法告诉大家。"（命令）	"小朋友们，这地方很窄，请先到的小朋友靠左边坐，把右边方便行走的位置留给后来的小朋友；高一点的坐后排，矮一点的坐前排，不高不矮的坐中间，好吗？"（建议） "娃娃家的东西很多，收拾物品的小朋友又比较少，谁愿意帮'娃娃家'的人一起收拾物品呢？"（寻求帮助） "×××小朋友，我们很想知道你是怎样获得成功的，你愿意和我们分享吗？" "感谢×××小朋友跟我们分享了他的成功体验，让我们从他得身上学到了互相帮助是件很快乐的事情。" "这件作品看上去很不简单，×××小朋友，你能介绍一下你的制作想法吗？"

案例3.

又到回顾时间了，孩子们陆续就座，并开心地和我做着"问候"游戏。晋晋小朋友拿着地垫想从队伍里插进去，突然发现并没有空位，停留几秒后似乎不知所措。于是，老师牵着他的手从人群后面走过，送他就座。回顾活动正要开始时，老师发现晋晋耷拉着脑袋偷偷地哭了起来。

老师："晋晋，请到老师跟前来，我想抱抱你。"（晋晋来到我身旁）

老师："可以告诉我们，你为什么难过地哭了吗？"

晋晋："我的座位被别人坐了。"

老师："你的座位怎么会被别人坐了呢？"

晋晋："我本来放在这里的，去脱了件衣服就没了。"

老师："你心里很难过，我能理解。小朋友，你们理解吗？（幼儿点点头）我们的座位是固定的，还是不固定的呢？（不固定）那没有固定座位这件事情，你能理解吗？（晋晋点点头）下一次你遇到这样的情况该怎么办呢？"（晋晋不语）

芊芊："我告诉你，下次你要叫一个人帮你守着才不会被别人坐的。"

彤彤："也可以找另外一个空的地方坐下。"

凯凯："还可以告诉他，让他把位置让给你。"

老师："大家想的办法你觉得哪一种更合适你自己呢？（彤彤说的办法）那你现在的心情好受一点吗？（点头）说出来让大家都听到，好吗？"

晋晋："我现在好多了。"

老师："那你现在可以回座位了吗？"

●负面影响	●正面影响
教师的催促声不仅让教室里充满噪声，也让自己和幼儿变得烦躁不安，教师不能拥有愉快的工作心情，幼儿也就没有快乐可言；如果并不涉及到知识点的对与错，就不必刻意否定幼儿，教师轻易否定幼儿的举动会让幼儿丧失自信心。	教师一边给予幼儿足够的时间整理物品，一边与整理好物品的幼儿一起游戏，无形中促使那些还在收拾物品的幼儿对自己的行为进行着调整；教师将每次捕捉到的有价值事件进行梳理和提升，日积月累的影响将是用语言无法表达的。

（续）

7. 户外活动	
● 不适宜行为 　户外场地欠安全或比较混乱；教师随意减少幼儿户外活动时间；幼儿在运动中大汗淋淋，教师对此并没有任何察觉；活动时间不是集体做一件事情就是"放羊式"的自由玩耍；教师几乎很少有机会与个别或一组幼儿互动，而是与另一教师聊天；活动结束时运动器材并没有放回原处。	● 适宜行为 　教师为幼儿提供安全有秩序的活动场地；教师提醒幼儿在热身运动后根据需要减少身上的衣服，并给予足够的时间；教师在天气好的时候，有意加长户外活动时间；在户外活动时间里，集体锻炼占总时间的40%，自主锻炼占60%，教师依次与一组或个别幼儿互动。
● 不适宜语言 　"注意安全啊，自己去玩吧。"（放任） 　"你干吗捣乱？坐在这里看别人是怎么玩的。"（惩罚） 　"你的绳打到别人了，你没有看见呀？"（责备） 　"老师没有空，你自己玩吧。"（敷衍）	● 适宜语言 　"我们花一点点时间，找一找哪些地方可能会妨碍我们愉快的游戏，好吗？"（商量） 　"刚才发生了什么事情？愿意告诉老师吗？"（了解事情真相） 　"跳绳需要很大的地方，刚才不小心打到别人有道歉和安慰他吗？"（启发） 　"谢谢你的邀请，老师很愿意和你们一起玩。"（互动）
● 负面影响 　缺乏安全感的户外场地如，漠视幼儿生命的做法十分可怕；教师对幼儿的高控与放任或不良言行举止都将潜移默化地影响幼儿身心健康发展。	● 正面影响 　教师经常启发幼儿观察周围的环境是否安全的做法，就是在强化幼儿对生命的珍视；教师在有限的时间里，合理安排集体锻炼和自主锻炼时间，既实现了面向全体幼儿的教学目标，又关注了个体幼儿的需要。

8. 文学欣赏	
● 不适宜行为 　教室里的图书非常少；教师忽略安排每天固定的故事时间，很少为个别幼儿阅读；偶尔教师想到给幼儿讲故事时，也是凭自己的兴趣选择文学作品或随意讲讲。	● 适宜行为 　教师不仅安排正式的故事时间，也有非正式的故事时间，如自由游戏、午睡前后等；教师为幼儿收集或准备了丰富的图书，不仅方便教师读故事，还允许幼儿借回家与家长共同阅读。
● 不适宜语言 　"下面我们要讲故事了，大家都坐好了。"（命令） 　"老师给大家讲一讲《白雪公主》的故事，听过的或是没有听过的都要认真听。"（控制） 　"这么多人都有想法，老师到底听谁的意见？老师说了算，就听《白雪公主》。"（命令）	● 适宜语言 　"又到了文学欣赏时间，大部分小朋友都坐好了，我们一边欣赏一边等待后面的小朋友，好吗？"（商量） 　"老师这里有四本非常好看的书，这个星期先欣赏哪一本好呢？请小朋友举手投票。"（民主） 　"这四本书会轮流欣赏到的，今天投票最多的书是《丑小鸭》，听过的小朋友可以再听也可以去图书角看自己想看的书，好吗？"（尊重） 　"听完故事，你心里有什么想法呢？谁愿意和大家分享？"（注重感受）

（续）

● 负面影响 幼儿的阅读习惯应从小开始重视。教师的阅读习惯在一定程度上影响着幼儿的阅读习惯，班级图书的贫乏制约着幼儿阅读习惯的养成；教师在与幼儿共同阅读中忽略幼儿的感受，让幼儿被动地进行文学欣赏，不仅有碍于幼儿的语言发展，更危害着幼儿的心理健康发展。	● 正面影响 教师重视引导幼儿进行文学作品欣赏，不仅增强了幼儿的语言表达能力，更是促进了阅读习惯的养成；幼儿间有争议时，教师采取投票的方式解决问题，不仅让幼儿了解解决问题的方法，更让幼儿在民主的氛围中协调彼此的关系；欣赏完毕，让幼儿交流内心的感受，令幼儿的情感世界变得更加丰富。
9. 午　　睡	
● 不适宜行为 午睡时间的安排对大多数幼儿而言不合适，如太早或太晚；幼儿想小便却不敢而导致尿床；幼儿醒来后教师不允许幼儿起床，强调必须到点起床。	● 适宜行为 午睡时间的安排对大部分幼儿而言是合适的，如大部分幼儿能按时入睡；教师协助幼儿放松心情，如允许幼儿抱可爱的公仔入睡，午睡时播放轻音乐，灯光昏暗，床与床之间尽量间隔开来；对早醒的幼儿允许起床做安静的游戏，为不入睡的幼儿提供个别空间活动。
● 不适宜语言 "上床前赶紧小便，睡到床上就不能起来小便了。"（强权） "赶快睡觉，不然老师要批评了。"（催促） "醒来后不要讲话，躺在床上不许动。"（命令）	● 适宜语言 "上床前先去上厕所，看是否有尿，如果尿不出来也没有关系，想尿的时候轻轻起床去厕所，不用跟老师说。"（尊重） "已经上床的小朋友请盖好被子，老师给大家讲个好听的故事，没有上床的小朋友如果你也很想听故事就抓紧一点，争取能躺在床上听故事，好吗？"（选择） "睡觉醒来后，如果你不想躺在床上就可以轻轻起床，穿好衣服去看书或做其他安静的事情。"（自主）
● 负面影响 午睡前有的幼儿并不需要小便，但躺下不久又想小便，如果教师强制规定幼儿不许随便起来小便，容易导致幼儿尿床，并增加心理负担；幼儿午睡醒来，教师不允许幼儿陆续起床，醒来的幼儿便会找人说话或独自在床上玩耍，不利于良好习惯的养成，且有可能使他们感冒。	● 正面影响 教师弹性的规定，令部分上床前不想小便的幼儿可以在上床后决定是否要起身小便，这是幼儿的基本权利；午睡前教师营造适合午睡的氛围，给幼儿讲述故事，有助于幼儿入眠；对于午睡先醒来的幼儿，教师允许他们起床做安静活动的做法，有助于幼儿形成为他人着想的品质。
10. 离　　园	
● 不适宜行为 经常忽略幼儿离园时的招呼；幼儿离园时缺乏完善的规划；教师不允许幼儿家长进入班级；规定幼儿坐在座位上等待家长来接。	● 适宜行为 教师合理安排幼儿离园前活动，如玩桌面玩具、看书或拼图；教师不仅允许家长进入教室，还鼓励幼儿向家长介绍自己的作品；教师间有分工合作，如一位教师与家长沟通，一位教师与每个幼儿拥抱道再见；并鼓励晚离园的幼儿与教师一起整理区域材料。

（续）

● 不适宜语言	● 适宜语言
"×××小朋友，快把书包背在肩上，坐在座位上等家长来接你回家。"（消极等待） "×××小朋友的家长来了，快走吧，再见。"（敷衍） "×××家长，你怎么总是来这么晚，下次早点来接孩子回家。"（责备） "×××家长不要进到教室里，细菌多了孩子容易得传染病。"（强权）	"小朋友一边玩游戏一边等家长来接你，走的时候把手上的东西放回原处，好吗?"（尊重） "×××小朋友的家长来了，和老师拥抱道再见吧，老师爱你，明天再见。"（肌肤亲昵） "×××家长，不用这么着急，来晚了没有关系，孩子和老师一起整理玩具，可能干了。"（理解） "欢迎家长进教室观看孩子的作品，请孩子为您介绍作品的创意和创作的过程吧!"（尊重和鼓励）
● 负面影响	● 正面影响
幼儿在消极地等待家长来接的过程中，一定会和旁边的幼儿说笑与打闹，这无疑助长了幼儿间你撩我、我撩你的习惯；家长因故晚来接孩子，教师的态度也将影响家长的态度，以及不允许家长进入教室，都不利于家长与教师的友好关系建立；自入园至离园，善始应善终，虎头蛇尾也是败笔之作。	在幼儿离园环节，教师支持幼儿做游戏，鼓励幼儿向家长介绍作品，不仅有助于幼儿自主性的发展，而且令幼儿在幼儿园的一天保持愉快的心情，从而喜欢上幼儿园，喜欢老师；教师与每个幼儿拥抱道再见，不仅让每个幼儿有机会与老师保持肌肤亲昵，而且有助于内向性格的幼儿变得开朗大方。

11. 隐性环节（没有语言）

（1）时间规划

● 不适宜行为	● 适宜行为
作息时间安排僵化；教师没有规划时间顾及个别幼儿的兴趣，或规划太松散（混乱）；教师缺乏对作息应有秩序的敏感性。	时间规划较平衡又有弹性；一天当中大部分时间是游戏，活动之间的过渡流畅；对时间表有一些调整以符合幼儿的个别需要，如为了配合注意力较短的幼儿而缩短讲故事的时间，允许幼儿继续做完工作。
● 负面影响	● 正面影响
导致幼儿错过形成良好的生活秩序的关键期，影响幼儿社会化发展的进程。	幼儿的基本生活方式是游戏，顺应这一规律，不仅有助于幼儿对事物保持良好的兴趣和态度，而且相对平衡的作息时间有助于幼儿形成良好的生活方式、态度和习惯。

（续）

（2）教师与家长	
● 不适宜行为 教师没有给家长任何有关课程方面的资料；不鼓励家长观察或参与幼儿的课程，不鼓励家长做义工、助教；幼儿园有特别的空间给教师，如独立的厕所、储藏间，没有提供让教师离开幼儿处理个人需求的时间，即没有休息调整的时间；教师之间没有及时沟通与幼儿需求有关的信息，如幼儿要提早离园的信息没有被及时传达。	● 适宜行为 要求家长每年对课程做评估，如家长问卷、集体评量会议；家长和教师一起参与课程的决策，如园务会中有家长代表；教师拥有存放个人物品的柜子；教师有一定的休息时间；同一班或同一年级组的教师有时间一起做计划；每位教师的责任很清楚地被界定，如一位教师准备教具，一位教师组织幼儿就座，一位教师收拾餐后卫生。
● 负面影响 家长是幼儿园很重要的一个群体和共育的生力军，课程信息家长一点都不得知的情况下，容易令家长产生怀疑甚至是抵抗的想法，何谈家园共育。	● 正面影响 每年邀请家长参与幼儿园课程评量，邀请家长参与幼儿园课程建设和管理，有助于家园有效沟通，从而达到家园共育的效果；教师经常有机会一起探讨计划，容易产生脑力激荡，有助于教师创造性地开展工作。
（3）空间与设施	
● 不适宜条件 对幼儿、成人而言，空间不足，照明、通风、温度控制和吸音材质欠佳；桌椅等设施没有及时修缮；有适合幼儿集体教学活动的空间，没有适合幼儿小组和个别活动的空间。	● 适宜条件 能给予幼儿与成人自由地四处活动的室内空间，家具不会限制幼儿的活动，照明、通风、温度控制和吸音材质好，并且便于被幼儿与成人所控制，如打开窗户、打开风扇等；桌椅等设施安全卫生；有满足幼儿集体学习、小组学习和个别学习的场地。
● 负面影响 幼儿最基本的设施设备都不能得到保障时，安全隐患也较多，怎么谈得上建立幼儿的安全感和归宿感；一整天里都只有集体活动，教师又怎么能关注个体差异性。	● 正面影响 幼儿在安全舒适的环境里生活，不仅感到安全还能感到满足；在一天里，幼儿既有集体活动时间，也有小组和个别活动时间，教师不仅能照顾全体，还能关注个体差异。

三、大班

（一）老师要把握好心中有目标和私心的关系

到了大班，我们明显看到了孩子独立的一面，很多事情都能自己做了。我们会略感轻松，尤其是从小班自己带上来的孩子，基本已经熟悉了我们的言行举止。比如，我拿一张大大的卡纸铺放在桌子上，顺势卷起袖口的时候，就有孩子会主动给我拿剪刀。他们知道这时候的我一定会使用剪刀了。有时候，他们在做自己的事情，

看到我也会停止自己的事情，先来应付我。有过带大班经验的老师，应该都有类似的经历吧。曾几何时，我认为这是培养孩子社会能力很好的一个环节，话说"一个懒老师培养出来的就是一群勤快的孩子"。但是，而今我却发现一味培养勤快、有眼力劲的孩子是跟不上时代需要的。这样的孩子未来可能很勤劳，可能很讨别人喜欢，却没有了独立思考，自我价值的体现只能在别人的影子下体现。很多老师和曾经的我是一样的，借着"老师小帮手"的名义，把很多事情发配给孩子做。孩子一个个做得不亦乐乎。同时，我们又为了培养孩子的独立性，跟孩子一遍遍说着"自己的事情自己做"。这就很矛盾，需要我们老师自己来权衡。

这就回到了我们经常说的心中有目标，老师的一句话、一个行为都有可能影响孩子，所以，在做任何一件事情之前，要先思考这能给孩子带来什么好处，使得孩子终身受用，哪些是出于自己的私心而做的。扪心自问，做老师的自己是不是始终怀揣着培养孩子的目标而做这做那呢？我有时候就会偷懒，有时候就会有私心。当然，既然知道了，就要尽可能地避免。

就拿刚才说道使用剪刀的事情来说，如果是培养孩子助人为乐的品德，那么我可以这样做：我拿了很多的纸张，自己不方便拿剪刀了，在保证不干扰孩子活动的前提下，所以请小朋友帮助我，用商量的口气说："我站起来，折好的纸张就会散开，谁有空，愿意帮我拿一把剪刀呢？"这样，让孩子感受到，自己能做的事情自己做，老师也是这样的，自己能拿剪刀，就自己拿，自己做不了的就可以找别人帮助了，老师自己一个人完成不了了，才会请别人帮助。而且是在不影响别人、别人情愿基础之上。我觉得孩子们遇到一件事情的时候，应该有自己的判断，有独立的思考能力，知道自己的位置在哪里。然后结合自己的思考结果，采取行动。

在一个班级里，总有一些孩子是很讨老师喜欢的，这时候，就要把握一个原则，公平地爱每一个孩子。这一点很难做到，毕竟我们也是一个普普通通的人，要做到完全的平均分配自己的爱是一件非常难的事情。在我们班里，就是有几个我怎么看怎么顺眼的孩子，我对他们特别的敏感。就拿入园来说，如果没有来，我会在第一时间发现。有个女孩子每天来幼儿园都会找我抱一抱，到了她该来得点，我就会不自觉地生出那么点小期望，期望着她来抱抱我，看着那张可爱的脸，自己心情大好。而对于有些孩子我的感觉就不太一样。这是每个老师都会有的。但我们要明白一个很重要的原则问题，民主意识是建立在一个公平、和谐的集体氛围中的。我们应该转变自己的行为，在最大程度上公平分配自己的爱，即便心里很喜欢哪个孩子，行为上也要很注意。尤其是面对大班的孩子，他们的生活经验越发丰富起来，有了自己的判断和思考。作为老师的我们，要很在意自己在集体中的行为和态度，自己的行为与态度要以建立集体荣誉感，建立规则意识为坐标。对待同一件事件，不同的孩子，态度要尽可能保持一致。不要让孩子感觉到在班级里老师爱他更多一点或爱他少一些。

（二）老师的经验与孩子行为对立的时候

大班孩子沟通的话题越来越广泛，开始跟上时代的脚步。社会上的热门话题是什么，爸爸妈妈谈论什么，周围人说什么，他们都会拿到幼儿园来说。我们班级孩子前一段时间的话题基本落在了苹果系列上面。孩子们众说纷纭，但是，孩子大多说出来的话都是从周边环境里截取来的，似是而非。这时候，老师们就会对孩子的话题进行自己的评说。比如，一个孩子说道："我妈妈有 iphone5。"这时候，有的老师很容易插一句："怎么可能，iphone5 还没有出呢！"于是，孩子不再说话。就这个例子来说，孩子们在谈论的时候，老师经常会结合自己的认识和经验给予是与否的评说。虽然维护了正确答案，却也抹杀了孩子大胆表达的积极性。

在孩子们自由谈论的时候，老师要摆好自己的位置，站在倾听者的角度，观察每一个孩子，思考背后的意义，比如，这个团体中，哪个孩子语言能力最强，哪个孩子对周围事物的观察能力强，哪个孩子在倾听方面有了进步，哪个孩子在理解上面需要改进。至于孩子们说了什么，答案是否完全正确，就需要老师慎重判断了。对于一些原则性的问题，老师可以用讨论者的身份参与进来，直接说出正确答案。当孩子说得不正确的时候，要引导孩子明白为什么这个答案不可取。这里我举一个例子，一群小朋友吃完午餐围坐在一起聊天，他们谈论的话题是"送礼物"。一个孩子说："我妈妈有很多项链，明天我拿一个来送给你戴。"接着，孩子们就跟风一样说，"我妈妈有很多香水，明天我给×××"，"我爸爸有魔术球，明天我拿来。"大家的话题从"我要给好朋友送什么"，变成了"我拿×××的东西给你"。这时候，我就参与进来说："我有一个棒棒糖，是妈妈买的，我回家问问妈妈，如果同意，我就送给×××。"慢慢地，我引发孩子讨论"什么样的东西可以送"，"如果东西的主人不知道，不愿意，我们就私自拿去送人，可能会怎样"，"什么样的东西适合我们送"这一系列的问题，帮助孩子们从刚才的话题中走出来，并让孩子感受到，别人的东西是别人的，使用需要经过别人的同意，这就是原则问题。

把班级交给孩子共管需要老师做一些心理调整，首先我们要明确"共管"、"投票"都不是一个游戏，做一次两次就够了，这需要我们在生活细节中慢慢引导，把自己从班级里那个掌权者的身份中抽离出来。建立规则意识不是几天、几个星期就能完成的，这需要我们不断加强，不断跟进。在建立规则意识的过程中，孩子依旧

会出现这样那样的常规问题，可能会使我们开始怀疑自己做的是不是没有效果。在遇到孩子出现反复性行为的时候，我们可以先从自身出发进行思考，在帮助孩子建立规则意识的过程中，我们自己有没有放松或者忽略的地方。我就有过这样的时候，比如很长一段时间，我们班孩子在什么环境下可以聊天，什么环境下需要保持安静有了较好的把握，除了个别孩子有时候会控制不住自己，其他孩子都能很好地控制自己，并为自己建立的规则而努力着。眼看着孩子们把良好的规则意识自然投射在生活中，我就习惯了这样的现状。慢慢地，不管孩子们是不是依旧做得那么好，我都不再过问了。起初，是一两个孩子开始在他们不应该聊天的地方聊天，当其他小朋友提醒纠正的时候，老师没有及时给予认可，慢慢这样的提醒少了，聊天的队伍扩大了，当我发现的时候，班级里那种"嗡嗡嗡"的声响已经遍布了很多地方，只是声音分贝并不大。这时候，我开始反思自己，孩子规则意识的建立后，需要是巩固，这种巩固就需要老师通过各种形式给予认可。比如，简单的一句肯定性描述。巩固孩子规则意识，才能使这种意识逐步成为一种生活习惯。

（三）放手让孩子自己飞，需要建立在安全的基础上

把班级交给孩子共管，老师往往容易误解其中的含义。放手让孩子管理，是把老师在班级里强势的一面遮掩起来，改变以往那种什么事情都需要老师定夺、参与的场面。比如我们经常在班级里听到孩子说："老师，×××不给我看书"，"×××小朋友把水洒了"，"×××小朋友，我要去告诉老师"……这些事情都需要老师参与处理。我们希望在班级里，在孩子遇到事情的时候，他们可以自己思考，自己寻找适宜的解决方法。这里面就出现了一个放手的度的问题。放得不够，就达不到我们预期的目的，班级就还是老师的班级，孩子依旧依赖老师而生活。而放得太多，就有可能在一些原则性的问题上出状况，比如安全问题。我们都知道在家长、学校、老师心中，孩子在幼儿园里最重要的不是培养什么样的人格，不是培养什么方面的兴趣，也不是培养哪些能力，而是身体安全，只有最大程度确保孩子不受到伤害，保证孩子安安全全入园，平平安安回家，才能更好实施我们培养人的目标。

作为老师的我们，如何把握放与收之间的度呢？其实并不难，我们把孩子的安全放在第一位，不管做什么事情都先预测一下这件事情是否涉及安全问题，然后在保证孩子安全的基础上实现我们的目标。对于一些能放手让孩子自己处理的事情，老师放手不是不参与，而是转换自己的角色。有时候可以把自己当做跟孩子一样的参与者，跟孩子一起讨论，一起思考，一起尝试；有时候老师就作为一个学习者，请孩子们自己做，老师只在一旁学习；有时候就要扮演一个局外人，假装不

参与孩子们的活动。不管是哪一种角色，都要保证孩子做这件事情的时候是安全的。

　　对于一些事情，老师就不需要让孩子体验、实践了，比如，使用电器电源，端拿热水、热汤，下大雨的时候到户外做事情……这些都是老师一定要杜绝孩子做的，但可以让孩子说说为什么这些事情是不可以做的，引导孩子思考这个背后的意义。

第 七 章

父母在家里可以这样做

不管老师怎样努力教育孩子，对孩子产生最大影响的还是父母。所以，父母也要好好学习这些方法。

天下没有不爱孩子的父母，但并不是每位父母都能轻松应对孩子成长中的问题；所有的父母都愿意为孩子的教育投资，但不一定能做到每天陪孩子玩上半小时。往往当孩子在行为和习惯上出现一些"问题"时，父母才开始紧张、埋怨、亡羊补牢。也有些父母在孩子身上倾注了大量的时间和精力，比如说现在越来越多的"全职妈妈"，他们对孩子6岁前的教育非常重视是没有问题的，但在方法和情感上却不是都能处理好。

我身边就有一个这样的例子，小壮爸爸是医学博士，妈妈本科学历，家庭结构单纯，只有这一家三口。妈妈从怀孕开始全职在家，胎教不用说，还阅读了大量的教育类书籍，说起蒙氏教育和敏感期等理论，就像一名专业的教师。小班第一次家访，妈妈就向我们介绍了自己全职在家教育孩子的心得和小小成就：小壮两岁开始对文字感兴趣，所以现在已经认识很多字了，两岁开始分床睡……当我对这么早分床睡有不同的见解时，妈妈振振有词地说：我在一本书上看到过，说两岁是分床的最佳期，我们小壮又特别黏人，所以我怕以后更难分床，也想让他坚强一些。当我问及孩子是否能接受和当时的表现时，妈妈很有原则地说，我每次都和他谈好，教育他要坚强，我一直都没有松口过，就连他生病，我都没有让他到大床上睡，现在一直坚持得挺好，每天自己在床上翻一阵就睡着了。但进入幼儿园班级，小壮完全不是"坚强的男子汉"，小便要老师拉着手才去，否则宁肯尿裤子，穿鞋要老师帮忙或站在旁边看着他，否则会哭个不停，吃饭时更是看不到一点"男孩子的气质"，开始是要你喂、陪着吃，后来不肯了，因为老师喂得"太大口了"，小壮反握着勺子，每一勺不会超过10个饭粒，不吃青菜只吃肉。开学快一个月了，班里的孩子只有小壮每天还会因为遇到各种"困难"而哭。在和他妈妈深入交流后，妈妈才开始反思自己三年多对孩子的精心教育和辛苦付出，开始改进。

我们今年的小班新生，三分之一的孩子挑食，大部分入园前三年几乎不吃青菜；一个班近十个孩子不会咀嚼，只用门牙咬食或含住不吃……都说现在的家长对孩子的教育越来越重视了，而我却看到了越来越多从前没有的现象：我们的孩子比过去聪明了，手脚却笨了、懒了；小嘴巴会说了，好的行为习惯却少了。

在我几十年的教育实践中，接触过不同价值观、学历、经济水平的家庭，听到他们反映和求助的各种问题，这在我当我妈妈之后又有了全新的认识和理解：问题不怪孩子。我虽然是一位幼儿教师，我也有过和很多父母一样的苦恼和无奈。因为和孩子在一起的时间不多，一直是姥姥、姥爷在帮我这个忙碌的妈妈尽着义务，我

有时会因为"愧疚"和"不忍"，对两位老人带孩子的方法只是"轻描淡写"地嘱咐几句，只能不断告诫自己：规划好时间，陪伴孩子是父母的责任！其实，时间总是有的，只是我们在协调自己的事业、家庭、孩子、朋友、爱好时，要做一些取舍和规划罢了，同时我们要善于思考、学习和分享教育孩子过程中的一些积极、正面的方法和策略。我经常这样告诫自己：在教育孩子过程中父母欠下的债，我们或者孩子自己，迟早都要翻倍地偿还，或需要百倍的努力去补救，这一点都不夸张。也可能我们的爸爸妈妈会有点"冤"，因为不是时间问题，主要的还是缺少经验：从父母那里没有学到多少现在可以用得上经验，没有"上岗"培训过，没有"前车之鉴"等。但我们不能够推脱责任，需要摆正位置和心态，尽心尽力，和孩子一起学习、共同成长。

一、爸爸妈妈先要理解的道理

（一）观念要澄清：有"规矩"和尊重孩子不矛盾

我们父母能给孩子留下的，没有比健康的身体、几个好习惯更有价值的了。随着生活水平的不断提高，我们每一届迎接的肥胖儿、不达标儿童、近视和斜视儿童逐年增长，其中的缘由有无奈、也有无知。

倩倩也是体重不达标的孩子，三年来几乎从不吃肉，切碎了也会挑出来。爸爸在外地工作，每周回来一次，虽然妈妈每晚回来，但几乎孩子都快睡觉了，所以几乎是奶奶带大，老人面对"变本加厉"不吃肉的倩倩只有不断让步。现在父母都很后悔，也很无奈，别说好习惯，就连孩子吃东西的问题都让他们不知如何是好。

亮亮虽然身高体重不达标，但非常聪明，入学没两天，老师的教学设备都摆弄明白了：多功能收录机全在他控制之下，老师放着音乐"突然"就会跳到第八首，因为那是他喜欢的乐曲；投影仪调远近、选镜面设置，他很是好奇；教室反锁的后门只有小个子的他能踮着脚尖打开；摆弄数字教具，他可以读到千位等。但亮亮不肯参加集体活动，吃饭是大问题，"霸占"老师和玩具，把杂物丢到小朋友的饭碗里然后就跑悼……亮亮父亲略带得意之色解释道：我们三岁以前主攻他的大脑发育，因为专家说了，三岁以前大脑发育最重要，我们满足他充分的探索，不限制和要求他，只给他多吃健脑的东西，其他的我们就顾不过来了……

现在的家长多是80后，他们思想开放，接受新事物的能力强，在教育子女方面能主动地了解和学习，但毕竟这种学习带有主观性和片面性，加上缺少实际经验，往往会出现极左、极右等极端现象。

　　尊重和有规矩并不矛盾，而是互相促进的，但很多家长把它们分裂开来。片面理解父母要尊重孩子，但其实孩子也是需要尊重父母的。尊重不是一味的迁就，也不是"想起尊重时才尊重"，正因为互相的尊重才出现规矩。我们可以想象并思考一下：孩子玩得开心，把玩具丢得满地、满沙发都是，这是尊重孩子的兴趣和探索吗？这可以说是，但那沙发上连坐人的地方都没有，是否尊重了家人呢？我想应该没有。那我们的父母该怎样做才能既尊重孩子，又让孩子知道尊重他人呢？我们可以和孩子一起想办法，讨论互相尊重，这不是收不收玩具的问题，而是在理解尊重和规则的关系。我女儿不肯去自己房间玩，总是喜欢在有大人的地方玩，于是我和女儿这样约定：沙发是大家要坐的，玩具摆在上面既容易找不到，也容易被不小心坐坏，但地板上的瑜伽垫可以做她的"工作间"，收起玩具来也方便。于是给孩子一块瑜伽垫大小的地方，既满足和尊重孩子每天要玩的要求，也让孩子知道"有规则地玩"很有趣、受欢迎。因为我们尊重了女儿想在有大人房间玩的欲望，所以她也愿意遵守共同的约定，尊重其他人。规则的建立并不难，只是爸爸妈妈们是否有意识这样去做，有的父母认为这没什么，家里有条件就不要去限制孩子；也有很多大人嘴上不停地唠叨，手里不停地帮忙收拾，就是没有想过，这是一次教育孩子尊重和有规矩的机会。一起和孩子定个规则，每次都严格地照做，好的习惯就在生活中养成了。

　　爸爸妈妈尊重孩子不仅只停留在他们要求或愿意做的事情上，还应顺应孩子自身的特点。一些强制孩子多吃一点饭、把孩子当成"卡尔威特"教育的父母，虽出于"对孩子负责"的各种目的，却剥夺了孩子的权利。就像前面提到的小壮的例子一样，他的妈妈在按照自己的理解和期望"塑造"小壮，虽然她为此付出了很多，但"两岁分床睡"的规则绝没有尊重小壮的意愿、考虑小壮的性格特质。

　　（二）态度要积极：不急不躁，跟随孩子的步伐

　　每个孩子的性格特征、家庭环境不同，家长就不应要求自己的孩子要像"某某某"一样，也不必为孩子"不如人"而急躁。尤其是对已经养成了不好的习惯的孩子，更加需要审视家长自己的言行，寻找方法、保持耐心。

　　可爱的小朵梳着"多拉"的发型，爱唱爱跳，活泼好动，爸爸妈妈都说她像个男孩子。因为太调皮、很逆反、难管教，爸爸又是个急性子，常在她"不乖"的时候打她，只有小朵听话的时候，爸爸才会抱她。在幼儿园的小朵也动不动就打人，出手又快，每次还都"很有道理"："是她先抢我玩具的"。父母是孩子成长的第一任老师，孩子在父母身上学习与人交往的技巧，学习与人沟通的语言，学习大人的行为习惯，所以从孩子身上一定能看到父母的问题。我知道小朵打人的"交往技巧"

是从爸爸那里学来的，妈妈听了也很着急，又想训斥小朵。我给妈妈出了个主意：在家多表扬小朵的优点和进步，其实她动手能力很强，小剪刀用得好，上课能大胆发言，语言表达能力也好。若她在家里发脾气，尽量先不要让爸爸来处理，妈妈也不要训斥，先抱抱她、倾听她的理由，站在她的角度去理解她、安慰她，用正面的教育方法慢慢改变她。小朵妈妈和我们一起采用积极正面的方式，果然很快奏效。

以前小朵在幼儿园每天午睡都会在床上翻来翻去，嘴里发出怪声音，老师走过去提醒她，她就笑一笑继续自己的，老师用严厉的表情告诫她，不要影响别人午睡，她就撅起小嘴扭过头去不理人了，一会儿又开始发出怪声音。但当我尝试轻轻抚摸她的脸颊、额头时，奇迹出现了，正嘀嘀咕咕的小朵立刻不动了，闭上眼睛摆出乖乖睡的姿势，嘴角还有微笑，我也笑了，又在她脸上亲了一下，趴在她耳边轻轻地说："小朵真乖，只要不动来动去，换个姿势就睡着了是吧？"小朵没有说话，也没有睁开眼睛，只是微笑着点点头。看到小朵幸福的样子，我又加了一句"小朵快睡吧，老师好爱你"，之后就走开了，她真的很快睡着了。之后的几天午睡时，她都在床上用眼睛望着我笑，我知道她在等我的抚摸和亲吻。每次亲完她，她都会很快睡去。

在我和小朵妈妈的共同努力下，小朵还成了班里最有爱心的一个，有人哭鼻子、遇到困难，她总会上前去关心，虽然她的打人行为偶尔还会出现，但我们还会用小朵喜欢的方式陪伴她成长的。这告诉我们，建立良好的习惯和规则最有效的还是积极的方式、正面的语言，也需要家园合作。也许你的孩子很逆反、很调皮、很倔强……请理解，也请相信这是孩子这个年龄阶段的正常行为，你小的时候一定也这样过，孩子们真的需要我们无条件的爱和鼓励。

（三）行为要坚持：每次间断都可能成为新的借口

著名教育学家叶圣陶先生说："什么是教育，简单一句话，就是要养成良好的习惯。"养成好的习惯要多久？当然坚持才会有好的效果，我们也经常为孩子制定不少计划，但总坚持不了几天，很多家长都明白坚持的道理，但就是做不到。有研究表明，好的习惯培养需要 21 天，但我们很多家长会有感触，养成一个习惯花了一个月的时间，有时一个周末就打乱了。所以培养好习惯所需时间是靠人来决定的，而不是靠数字来决定的，对不同的孩子和家庭情况，我们要制定可行的计划，注意一定是可行的。如果你是"没有时间"的家长，可以把焦点只放在一件能做到的事上，一段时间先关注一个问题。例如，只负责讲一个睡前故事，或者把孩子建规矩的"任务"分派给不同的家人，奶奶只负责每天叫孙女帮忙摆碗筷、收碗筷、自己吃饭（可以先从自己吃半碗开始），妈妈负责跟进洗手洗脸和刷牙的习惯，爸爸讲睡前故事，爷爷负责收拾玩具习惯的培养，并记录下来，这样不仅解决了孩子习惯培养的大问题，而且减轻了每个人的压力，而每个大人都有角色，孩子也不会"欺软怕硬"了。每个周末大家一起来讲讲孩子的表现和进步，这样效果会非常好。

培养好习惯要坚持，也是要讲究策略的，如果不能坚持，每一次的打乱都可能成为孩子破坏规则的借口，除非孩子理解了"理由充分"。就像有一次，看女儿慢吞吞地不想收玩具，可吃饭时间又到了，于是爷爷就说："宝宝去洗手吧，我来帮你收算了，饭都凉了。"小家伙可高兴了，她知道"饭凉了"就会有人帮收玩具，她就开始故意慢吞吞地等着爷爷来帮忙。我刚好下班回来看到就说："谁玩的玩具呀？你为什么不收好呢？"女儿马上振振有词地说："饭都快凉了，爷爷帮我收了。"我背着孩子的面和爸爸认真地谈了这个问题，请他一定要坚持，培养好习惯才是爱孙女的正确方法。不管父亲是因为觉得我的话有道理，还是碍于面子，反正他不再帮女儿收玩具，有时还会说："宝宝，你不收玩具妈妈会批评爷爷的。"小家伙也发现"这些大人会互相通气的"，就不再偷懒了。

父母、老师和孩子在相互尊重的基础上，用积极、正面的态度和方式持之以恒、互相配合，培养孩子的好习惯就不是难事了。我们还有一些父母理解了孩子从小培养规矩的重要性，就处处建规矩，让孩子厌烦和逆反，而该有的规矩又没能积极地建立。比如吃饭，该有的规矩是，吃饭就在餐桌上好好吃，下了餐桌就没饭吃了。可是很多家长却不给孩子立这样的规矩，或者立了规矩也没有执行，而是端着饭碗到处追着孩子喂，怪不得这么多孩子不好好吃饭，也不怪孩子不服从家长立的规矩。养什么习惯、立什么规矩、怎样坚持、怎样立规矩，是很多家长拿不准的事。我们首先要分清这样两个概念："需要"和"索求"，孩子的需要是要满足的，孩子的索求却是应当有限度的。下面的章节就来讲讲爸爸妈妈可以从哪些地方入手培养孩子的好习惯、好常规。

二、爸爸妈妈在家里可以这样做

（一）给孩子正面的言行，让他们在自己身上学习积极的经验

孩子来到这世界最先接触到的人就是他们的父母，最先研究的人也是父母。家里有1岁多正学话的孩子，爸爸妈妈说话都会非常小心，因为他们知道，说不定哪句话就被宝宝学去，尤其是那些"不雅"的口头禅等，所以也有人说孩子是父母的一面镜子。孩子们也是最先从父母身上学到与人交往的技巧，比如哭闹就会得到关

注和想要的食物，比如从暴脾气爸爸那里学会了摔东西或打人，从细心的妈妈那里学会了"请给我"、"谢谢"。当孩子们有了自己的朋友，当他们走入幼儿园集体，这些从父母身上学到的东西都会"派上用场"。我们无需去埋怨和指责孩子的不良行为或语言，只有不断示范正确的做法和表达，从说话开始，为孩子良好的社会交往打好基础。

1. 建立积极的亲子关系

很多爸爸妈妈会认为孩子小，不懂事，要经常教他们怎样做对，怎样做不应该。虽然这些父母都很耐心，付出很多，但随着宝宝的长大，这些父母会越来越觉得孩子"不听话"或觉得他们听得心不在焉。从小和孩子建立良好的亲子关系，不仅对孩子的健康成长有积极的作用，而且对孩子习惯和规矩养成更有帮助。

我建议爸爸妈妈多和孩子交流，行为上、感情上、语言上都需要多交流，可以把孩子当成你的一个老朋友。首先从讲完整话开始，完整的句子、多用词汇和复杂的句式，都是可以给孩子很好的语言示范，帮助他很快跟你沟通和交流。当然，这跟唠叨绝对不是一回事，也不要以为孩子"听不懂"就和孩子说话随便。我接触过这样一个家长，她每次来接孩子，我都希望她快点离开，虽然我觉得那样想不应该，但她"尖利而高亢"的声音实在让我受不了，最要命的是一进门就开始说个没完，我一点都听不进。最不幸的是她的女儿——我们可爱的琪琪，她似乎对自己的名字失去知觉，对声音好像也不敏感了，我每次叫她几遍，她才会反应过来，哪怕周围是安静的。当然，我非常理解她为什么会这样。我们父母给孩子正面的言行身范，要注意以下几点。

（1）当孩子犯错时，不埋怨、不恐吓，先理解，再找对策。

哪个孩子都会有"犯错"的时候，但不同的处理方式带给孩子的经验却有很大的差别。例如，文文玩水玩到衣服湿透，妈妈看到后很恼火，一边帮他换衣服一边唠叨："你看你，又玩湿了，说你几遍了，妈妈多辛苦呀，又要洗衣服了，再说玩水感冒了看你怎么办……"同样的问题，乐乐妈妈是这样处理的，"乐乐喜欢玩水是吗"孩子觉得妈妈理解他，也就愿意说出自己的想法："妈妈你看，水从我的胳膊可以流到手指缝里。""哦，是呀，如果乐乐能发现水的乐趣又不弄湿衣服就好了，你知道怎么办吗？我们一起试一试。"乐乐和妈妈找到了解决问题的办法：袖子要卷高、穿上围裙、肚子不要碰水盆，或者拿一个小盆接好水放到洗手间地上玩。其实孩子每一次"犯错"都是一次随机教育的好机会，这次乐乐不仅学会了"不弄湿衣服的玩水方法"，而且也一定学到了妈妈解决问题的方式。

说到倒、撒、摔坏东西，每个孩子都有过这样的经历，父母的态度决定了孩子之后的行为。如果父母是责怪、批评的态度，孩子今后犯错多会紧张或害怕被批评而逃避或说谎："不是我弄的"。如果父母是和孩子一起处理倒撒的东西，再分析倒撒的原因，孩子再弄撒的概率会越来越小，而且敢于承担责任。孩子就能通过我们的态度和处理方法学习到社会交往的技巧和敢于对行为负责的良好品质。

（2）和孩子交流自己的心情和感受，引导孩子关心他人，增进亲子感情。

有的爸爸妈妈会经常抱怨："我的孩子从来不和我讲幼儿园的事情。"其实，主要原因就在他们的亲子关系上，孩子没有和父母建立良好的感情依恋和沟通习惯。父母关心自己的孩子是正常的，但有没有人要求孩子关心父母呢？我们可以在孩子小的时候就开始注意这个方面的沟通："宝贝，妈妈今天有点心情不好，我想找人说说，那样会好受一些。"父母的主动交流就是很好的开始和示范，在交流中还可以让孩子帮你"出主意"，问问他有没有过相同的经历等。就在这样像朋友一样的倾诉与倾听过程中，孩子学会了关心他人，亲子之间也能建立良好的沟通。经常谈谈心事，是家庭中非常有益的做法，爸爸妈妈也会从孩子身上获得很多积极的情绪，体验幸福的感受。

（3）赋予角色，用文学作品引导。

在引导孩子建立良好的行为习惯和规矩时，我们聪明的爸爸妈妈都会选择一些辅助产品，如一些动画片、书籍、故事、儿歌等。的确，孩子们更容易接受这些形式的暗示和引导，赋予孩子故事、动画片中的角色，孩子们马上就能遵照执行、模仿学习。所以爸爸妈妈要善于利用孩子的特点和这些角色，和孩子建立一种"暗号"似的情景对话，妈妈："哎呦，我的腰痛了。"宝宝："我是小帮手，让我来帮忙吧！"像《生气汤》、《我会拉巴巴》等很多绘本，都是孩子建立积极情绪和良好行为习惯的辅助书籍。

2. 理性处理父母和孩子之间的冲突

孩子们在某一方面可能令爸爸妈妈很头疼，但有些方面又会让爸爸妈妈感到骄傲或欣慰。就像四岁的涛涛，经常到处爬高、东跑西跳、打烂东西，在家里没有半分钟是可以坐下的，妈妈每天要付出很多精力才能来让他安静下来不闯祸。不过，他经常把家里的卫生打扫得干干净净的，是妈妈的好帮手。妈妈说，"让我最快乐的是他，让我最恼火的也是他"。欣欣聪明可爱，喜欢唱歌跳舞，让爸爸妈妈很欣慰，但一提到吃饭，她就完全变了一个人。面对孩子的不良行为，家长可以定下合理的规矩和限度，帮助孩子建立价值观，帮助孩子做适当的决定。记住，日常生活是教育孩子最有效的源泉。

每个家庭中引发冲突的状况，反映出不同的价值观。比如重视营养的父母多半

会因为吃饭问题和孩子发生冲突，强调睡眠的父母，因孩子的午睡和晚上入睡觉时间而起冲突。关心孩子独立性的父母，经常因为教孩子自己穿衣服、洗手、上厕所而和孩子闹得不愉快。每个家庭解决冲突时都有自己的做法，尽管状况各不相同，但在处理日常生活中的冲突时，都会有自己的模式。以下介绍一些预防和解决冲突的方法。

（1）避免冲突的方法

预先计划和定好规矩、转移注意力等，都是比较好的避免冲突的方法。

①预先计划和定好规矩

第二天要穿什么衣服，这是很多妈妈和女儿要讨论的问题。很多妈妈都会在前一天晚上和孩子一起准备和挑选，避免第二天早上时间紧张而发生冲突。那么就有必要让孩子知道接下来要做的事情。但也有这样的可能，某些孩子对即将发生、非常盼望和马上要到来的事情有些迫不及待、担心或焦虑不安，所以父母要根据对孩子的了解，决定提前多长时间告诉孩子：提前几小时、或提前一两天。能提前得知父母的计划，会令孩子更配合。

孩子们在日常生活中有时也会随意地学到一些规矩，例如家里要来客人了，父母要提前和孩子介绍这位客人，告诉他招待客人的方式和礼节，也可以一起准备茶点，让他感受做小主人的角色，能在客人到来时不失礼。如果有小朋友一起来，还要事前和孩子谈好玩具分享和招待要注意的事情。比如，说好在客人来时，如果孩子发脾气，就会带他离开，或者每天放学自己整理书包。无论规矩是因突发或个别情况而定下的，还是刻意针对孩子的一贯行为定的，一定坚持执行。当然，随着情况的变化、孩子的成长，有些规矩是可以随之调整的。

②转移注意力

转移注意力，是很多父母会使用的策略，只要父母很耐心地解决孩子的麻烦，往往就能避免与他们发生冲突。有时候要从孩子手上拿走一样东西，可以用另外一样东西取代。不过孩子大一点以后，就对自己的想法执着多了，也比较难转移注意力。对大的孩子想转移注意力，就需要一些技巧了。

记得女儿不想喝牛奶时，我和她玩起"干杯的游戏"。妈妈："祝你生日快乐，干杯吧！"宝宝："我不想用这个牛奶干杯。"妈妈："哦，这不是牛奶，是有魔法的药水。"我假装往里面加一些东西："这是变声音紫药水，这是变美丽的粉药水，调和一下，成功了"。女儿最喜欢坏女巫调毒药的那段动画了，所以带着神秘的笑容，把牛奶喝完了。

当父母要求孩子做某件事，但理由复杂难以解释时，转移注意力也是很好的办法。比如在孩子还小的时候，很难理解他们为什么一定要吃某样不喜欢的食物，为什么不能把玩具拿回家，为什么到时间要睡觉等。这时候我们不妨运用幽默和想象力来转移孩子的注意力，等孩子大一点、理解能力好一些就可以向他们解释了。

在运用转移注意力方法时，也不是每次都能成功的。父母或孩子刚好都有好的心情，大人表现得相当轻松，才能既风趣又富有想象力，孩子才不会太坚持自己的主意。如果父母已经火冒三丈了，即使尝试转移注意力，孩子也会很难就范的，还有就是时间不允许再玩游戏的情况下，转移注意力这招就不管用了。

③不对立

最后一个避免冲突的方法就是把事情安排得不那么满，即时间表宽松；不要求孩子按照家长自己的要求和速度做事，这种避免冲突的方法不仅是一个技巧，也是一种生活方式。这种教育孩子的方式一定会产生平和、温馨的家庭气氛。显然它只适用于有这样价值观、尊重孩子成长速度的家庭，以儿童为中心，这样父母才能接受孩子的"慢吞吞"，不挑剔孩子造成的杂乱。

玲玲的爸爸和妈妈从来不会因为孩子的吃饭而产生冲突，他们把决定权完全交给玲玲，孩子说不吃了，多一口都不会喂，即使孩子长得并不是很高大，他们也不会剥夺孩子自己决定吃多少的权力。而急性子的月月爸爸，他也学着妈妈的样子逗着孩子自己穿衣服，想带她去公园玩，但月月不配合、慢吞吞地，看着时间已经接近中午，强装笑脸的爸爸原形毕露，突然变脸，一肚子的火发作到孩子身上，后果可想而知。平和的方法对喜欢这样做的父母来说管用，但如果勉为其难，可能就会造成更不好的后果。

(2) 解决冲突的方法

解释、奖励和惩罚是解决冲突的常用方法。

①解释

解决问题和冲突最合理的方法就是把问题谈清楚。语言对懵懂期的孩子效力很大，如果早期建立了这样的沟通方式，随着孩子的长大，他们会积累很多语言和解决问题的方法。父母和孩子谈话、解释的技巧很重要，语言一定不是命令或训斥的，一定是平等和平和的。

四岁的月月自我意识很强，也经常模仿大人的语气说话。吃饭的时候，奶奶关心地夹菜到她碗里，没想到她非常不高兴，撅着嘴不敬地对着奶奶喊："你干什么呀，我又没说吃这个，讨厌！"虽然她还没有吃完饭，但爸爸妈妈认为，她的行为很严重，需要马上解决，就把她叫到房间："过来月月，我们必须谈谈。"月月一脸不高兴地跟妈妈进到房间里，她感觉到妈妈也很不高兴。妈妈："知道为什么妈妈叫

你来谈话吗?"月月很清楚,但还在坚持:"我不想吃的吗,我都要吃完了,奶奶非给我、非给我……"妈妈:"你知道奶奶为什么给你夹菜吧?"

月月:"不知道。"妈妈:"你一定知道。"月月停顿了一会,不情愿地:"她想让我吃多点,她关心我。可是我不想吃了嘛。"妈妈:"妈妈教过你的,当你不想要,不喜欢的时候该怎么办?"月月又是一阵沉默,她在做思想斗争,她知道自己的问题,但不愿意面对,想逃避。这样的谈话可以让孩子冷静下来,爸爸妈妈引导孩子反思自己的言行,调整积极的情绪,让他们愿意接受建议。

②奖励与惩罚

我们的父母在接受新的教育思想后,会出现一些矛盾,与原有观念产生冲突如,能不能体罚孩子,孩子做错了怎么办。有些极端的想法是:完全尊重孩子,也有些家长对何时惩罚、怎样惩罚,并不能把握得适当、有原则。某些家长也会有"轻易不出手,一出手就来狠的"的观点。根据一项调查,在巴西,19%的人相信合理地打屁股是必要的,这个数字在美国是55%,希腊是87%,全世界平均是52%。当然,这种调查未必准确。但是,说世界上大致一半的人支持体罚,恐怕不过分。

有些孩子既不肯听解释,又不愿接受妥协之道时,父母不得不拿出更强势的措施了。在我接触过的家庭中,很多都赞成经常使用奖励的方式。其实,所有用来避免冲突的技巧,都可以说是奖励。比如说得到一个喜欢的转移注意力的东西,因守规矩而得到夸奖,能够参与某些活动等。父母可以有系统地运用奖励来解决重大问题,如吃药、上厕所、刷牙等。可能有些父母把惩罚当做最后的武器。原因之一是在事情发生的当时,要想出一个适当奖励并不容易。还有不习惯用奖励的主要原因可能是由于冲突期间,父母已经被孩子惹恼了,他们只想到惩罚。

第一,语言上的批评。爸爸妈妈常用的惩罚是语言上的批评,因为大人也想发泄自己的情绪。爸爸妈妈常用的话是:"你再不听话,我生气了","不可以这样"。父母觉得说这种话很正常,不但表达出自己的感受,也可以暗示"住手、停止犯错"。更重要的是孩子会把它当成是轻微的惩罚。父母在发泄过后也容易恢复平静,孩子们也可以继续做他们做的事,不会导致严重的后果。

但语言上的批评要切忌发泄式的"不择手段",比如,"再不听话,妈妈不要你了"、"让大灰狼来吃了你"。爸爸妈妈说出这样的话,就要对其负责:你是否真的能做到"不要你了"。经常使用这样的语言来批评,也许头几次会见效,但很快孩子就不会再理会你的恼火和威胁了。像这类语言还会使孩子丧失安全感和对父母的亲切感。

第二,剥夺孩子的某种权利。很多父母讲到,如果孩子不乖,就会采取不许看动画片、不讲睡前故事、不买糖果等措施，但这样的效果好像并不明显。如果将孩子的错误行为和处罚扯上关系，可能就好多了。例如，孩子不遵守看动画片在 30 分钟之内的约定，我们就可以取消一天看动画片，这种惩罚就有助于孩子学会遵守相应的看动画片的规则了。

第三，关禁闭。孩子乱发脾气时，较适合用这样的办法。孩子在安静、没有外人的环境里能够逐渐平复情绪、反思行为，或发泄完情绪，再调整好，反思行为。爸爸妈妈可以在家里设置一个封闭的角落，可以叫反思角，也可以让孩子自己取名字（例如用大纸箱做的小空间），让孩子有情绪的时候能安静地、不被打扰地平衡自己的情绪。至于孩子进去多长时间可以出来，爸爸妈妈可以给出建议、规定，也可以让孩子自己决定。"你能够平静地和妈妈说话的时候再出来"，"请你进去，反思十分钟，我再来看你"，孩子就不会理解为"妈妈不要我了"。对于孩子的乱发脾气，许多心理学家建议不要去理会他们。但冷处理和淡化他们的行为，装作什么也看不到，这是很多家长需要学习的。

第四，体罚。对孩子的恶劣行为，有些父母会用更厉害的惩罚，比如体罚。几乎大多数的中国父母都打过孩子，包括我自己。但是打孩子的次数和原因以及打孩子时父母的心态，个别差异性就很大了。有的孩子经常被打，有的孩子一年可能被打过一两次。尽管观念不同，但我个人不反对父母在个别情况下使用体罚，比如孩子经常做出危害自己生命的事，还有就是出现攻击性行为、故意打父母等。

我理解爸爸妈妈在体罚孩子后的内疚心理，但只要体罚不是建立在发泄大人的情绪，没有超过身体限度，并很有效，爸爸妈妈就不必过于罪恶和歉疚。但不建议经常使用体罚，因为效果会越来越差，对孩子还会起到负面作用时，爸爸妈妈也会产生挫败感和愧疚。比如我们的小朵，因为爸爸经常用体罚的方式解决问题，所以她在幼儿园也经常动手打同伴。所以，体罚一定要谨慎，尽量少使用。

需要提醒的是，无论何种形式的处罚，都可能影响良好的亲子关系。我们应以及时关注孩子受惩罚后的进步，并及时肯定和帮助分析他改变的原因。但是经常使用惩罚，或让孩子觉得"没什么好损失的"，处罚就会失去效果，导致恶性循环。如果发现有这样的情况，就应该减少惩罚的使用，尽量避免冲突，多用奖励等积极正面的方式。

（二）给孩子有序的环境，让他们感受到安全并习惯整洁

1.玩具收整齐的技巧

每个有孩子的家庭大都有过"玩具丢满屋"的情况。玩玩具时孩子不嫌多，但收拾的时候，都想要赖。收拾玩具其实应该算是一项特别的挑战，父母和孩子可以

在玩之前先制定规则："不玩的要及时收好再去拿第二个"，"只能在地毯上玩，最好不要占用沙发和卧室"。还可以把收拾玩具设计成一个游戏，不仅宝宝觉得有趣，大人也不至于累得火冒三丈。例如，"红色的玩具在哪里，请帮忙把它们送回家"，"小汽车要进停车场了……"在收拾的过程中，宝宝还能领会分类和有序的整理玩具的好方法。

当孩子收玩具遇到困难时，我们可以借机和孩子一起讨论收放玩具的方法，如在整理箱上贴标识、怎样贴等。我在和女儿讨论和确定衣柜标识怎么贴时，我发现她对空间方位有较好的理解，但她缺少叠裤子的方法，我就直接教会她了。

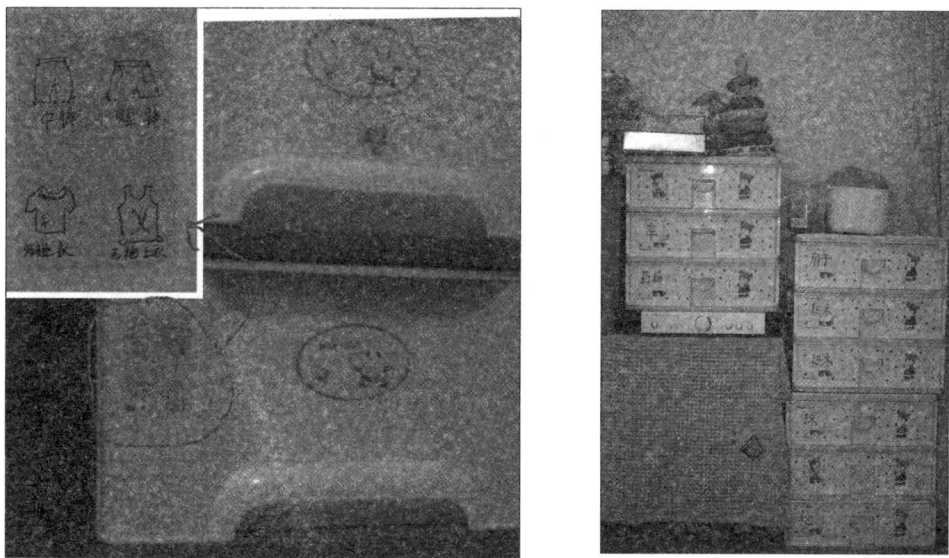

2. 洗手习惯的养成

从"非典"开始，中国人都开始重视洗手了。对于孩子，良好的卫生习惯更要从洗手开始，因为"病从手入"，养成正确洗手方法的策略很多，必须要爸爸妈妈的重视和坚持，并根据孩子的特点，循序渐进地培养。

习惯是由一再重复的思想和行为形成的，习惯具有很强的惯性，给孩子培养习惯和大人不同。我在女儿和班里的孩子身上，总结了一些可行的经验和大家分享。第一步，让孩子先对洗手感兴趣；第二步，了解洗手的重要性理解，学习正确洗手的方法；第三步，可以用和妈妈一起洗手，及时表扬、寻找成就感等方法鼓励坚持，形成稳定的习惯。

> **《洗手歌》**
>
> 卷起袖子，打开水，
>
> 滴上洗手液搓泡泡。

搓搓搓，搓手心，

搓搓搓，搓手背，

搓搓搓，手指缝。

搓搓搓，两虎口，

扭一扭，手指尖

扭一扭，小手腕

手心手背，冲干净，

关上龙头甩三甩，

一二三，真干净！

孩子洗手的兴趣可以从搓泡泡开始，让孩子尝试用各种方法搓出很多泡泡，这个时候需要控制的就是："洗手液只用一滴"。这下不用你要求，他已经把手的部位搓得差不多了。接下来是认识虎口、手心手背、手指缝和手指尖。孩子对洗手有了兴趣，就完成了心理认同的第一步。第二步，可以在网络上下载一些细菌、病毒的放大图给孩子介绍、讲解，如果身边有真实的病例，孩子就一定会印象深刻了。然后就是教孩子完整的洗手方法，可以用图片、医院的挂图亲自示范边说儿歌边洗。我结合完整的洗手流程，改编了一首洗手儿歌，抓住几个动作和部位：卷、搓、扭、冲、甩、开、关和手心、手背、手指缝、虎口、指尖，适合孩子边说边洗，不漏掉一个环节。第三步就是帮助孩子坚持正确洗手的习惯，保证洗手的时间，有专家建议洗手应最少保持30秒以上。当孩子们新鲜感没有了，就要运用鼓励、游戏等要求完整地洗手了。我在这个习惯建立的第一个月，尽量多和孩子一起洗手，观察和帮助孩子坚持好的洗手习惯。我会和孩子一起边说儿歌边洗手，会把左手插进她左手的指缝，右手和她的右手相插，一起扭，我们还会说着"滑溜溜"、"捉泥鳅"，互相帮忙洗手指尖等。孩子每天的洗手都在快乐中进行着，偶尔不愿意也被妈妈的游戏吸引了。我也经常在家人面前表扬孩子手洗得干净有方法，她对此很得意："我手上的细菌都被冲走了，被泡泡搞晕头了。"就这样坚持一段时间后，女儿就能够自觉地做着洗手的这些动作，我也可以放心了。

"搓泡泡"　　　　　"搓指缝"　　　　　"扭指尖"　　　　　　　"捉泥鳅、滑溜溜"

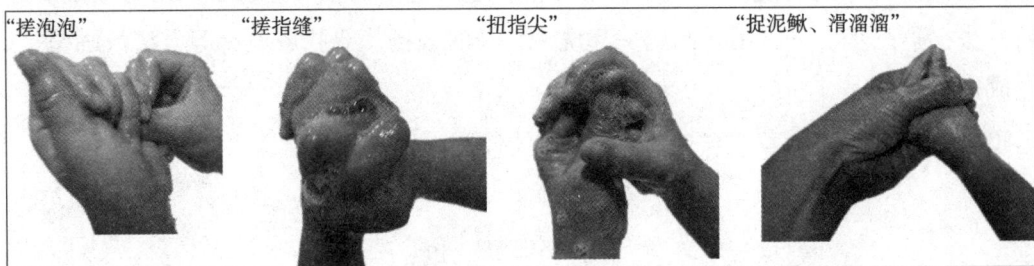

3. 坚持每天刷牙和漱口

让孩子坚持良好的卫生习惯，是需要技巧的，强迫不但效果不好，还会让大人很恼火。"坚持"对于年幼的孩子很难，需要成人不断提醒和帮助。女儿最喜欢听故事、玩游戏，很多孩子也都喜欢，我就设计了用喉咙"咕噜噜吹泡泡"的游戏，寻找榜样、结合绘本故事、用可爱的牙刷、牙膏吸引、坚持原则等方法，帮助女儿养成每天刷牙漱口的习惯。虽然女儿有时会说："没有比刷牙更令我讨厌的事情了"，但她还是愿意克服困难，坚持刷牙。我想她是不愿意接受好朋友妞妞的牙齿比她白的事实吧，还有就是妈妈一定要等她刷完牙才会讲睡前故事。

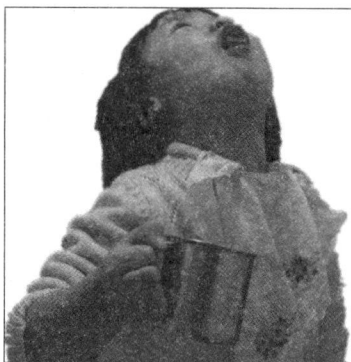

4. 放学回家后的第一件事

孩子很多事情都可以自己动手，只是很多爸爸妈妈没有给他们尝试的机会，到后来就变成所有的事都理所当然是大人做的了。女儿上幼儿园后，我就给她一个新任务：收拾整理自己的书包。每天放学回来第一件事就是把书包里的脏衣服取出来，放到洗衣机里，如果有作业或通知，就拿出来交给妈妈，最后是把第二天要带的东西和衣服放进书包。看她选择的衣服除了裙子还是裙子，我就和她商量或再加进妈妈选的衣服。刚上学时有新鲜感，女儿都要自己背书包，再后来是妈妈"顺水推舟"："这是你的书包啊，你都不背，难道不喜欢上学了？"一直就没有开"妈妈帮忙背书包"的先例，所以装得"满满"的书包一直也都是女儿自己背。

如果父母对孩子自理能力的培养还停留在理论上、口头上，就不妨从日常生活中的小事入手，让孩子承担一件喜欢的工作，负责一项内容。比如，整理自己的书包、房间里的书桌；摆放鞋柜里的鞋；还可以准备一个小扫把套装，让孩子负责清洁睡房地板等。只要你把他们喜欢的任务清楚地交给他们，他们就会很"当回事"，你将看到一个令你刮目相看的孩子。给孩子机会并鼓励他们自我照顾、帮助家人，会促进他们更有责任意识和成就感，还使他们做事更有条理，珍惜劳动成果，最可贵的是，孩子通过一段时间的自我照顾和为家人服务，他们解决问题的意识和能力会有很大的提高。

5. 孩子专属空间的规划

家里有还没上小学的孩子，要考虑的事情就会很"复杂"。因为我们要更多地考虑这些小家伙的需求和动作特点，否则会给自己带来更多的"麻烦"，也因此会显得没有"尽职"。为孩子创设一个他们专属的空间，当然要从孩子的角度去考虑。其实不用很多玩具，也不用很大空间，但要有可以随意涂画的地方，可以端正书写、看书的位置，能够便于自我照顾和整理的衣柜、玩具柜，也就差不多了。如果爸爸妈妈觉得孩子总是把房间弄得乱七八糟，问题可能是我们的要求太高了或者玩具整理箱不够合理。如果给孩子一个属于他自己的空间，而且可以按他的意愿布置和装扮，孩子们就会愿意承担整理的任务了。有些时候，我们大人的角色是在幕后做有心人支持孩子，这比带孩子玩还需要细心观察，更需要建立在对自己孩子的了解之上。

6. 和孩子一起做计划

我们都知道"有的放矢"，方能"步步为营"。在带孩子的时候，如果能早做计划、早有准备，会让我们父母轻松很多。大人们喜欢按计划行事，孩子则喜欢跟着心情走，所以孩子经常把大人搞得"筋疲力尽"。随着孩子越来越"懂事"，我们可以有目的地帮助孩子设定每天的活动计划。这样不仅大家都心中有数，而且还能让孩子有目的地玩，不拖拉，做事有条理，还能培养管理时间的意识和能力。

我们可以根据孩子的兴趣选择切入点，如做运动计划，或约朋友玩的计划，周末计划、生日计划、读书计划等。我女儿脑袋里的"周历"就是这样几件事：周一升旗要穿园服，周三我要去跳舞，周五爸爸会回来，周六我要约好朋友一起玩，周日我要去上画画班。女儿还惦记的就是："我的生日在什么时候？还要多久呀？"因为总算计爸爸什么时候能回来，女儿从周一数到周五，对每天的"大事"都心中有数了。刚开始和女儿定计划，是因为周末时间排不过来，女儿想和好朋友玩，周日还有兴趣班，每天的午睡还要保证……那该怎么安排呢？那就需要事先安排好，大家一起订个计划。几天下来，女儿先养成的习惯是，每天早上醒来就问："今天我们有什么安排呀？"晚上睡前会问："妈妈，我们明天都做什么？"

和孩子一起做活动计划最大的好处就是，在出现冲突时大人可以"理直气壮"了，如"不是你说的要去爬山吗，怎么还不起床呢"。孩子做事也会越来越有条理，还能灵活安排时间，"那我们这次就先约妞妞玩，下次（下周末）再约宁宁吧，这样我的两个朋友都能轮流来玩了"。每次计划都有自己的参与，所以等待也变得兴奋。尤其是运动计划，为了陪孩子，一家人都开始了坚持运动的健康生活，有爸爸妈妈陪着，每次孩子都非常兴奋。在爸爸的指导下，女儿的运动计划更趋"专业"，对于每次运动的项目、时间、达到的效果，我们在回家的路上都会总结一下，有时还记录下来让孩子看到自己的进步。现在女儿对爬高、双手拍球更自信了，原来只会单脚跳步，现在都很熟练了，一直顺不过来的左并步跳，在她自觉的练习后也熟练了很多。看到自己的进步，孩子都会自我勉励了："只要我多练习就会了。"

做计划的好处在亲身尝试后，大人和孩子都会有更多的体会。如果说它存在难

度，那就是全家人都要说到做到、持之以恒。

（三）延迟满足，让孩子体验等待，从而变得有耐心

经常听到家长这样说："老师，我家孩子特别性急，说要什么马上就要，要是不给就又哭又闹烦死人了"。不会克制自己的欲望已经成为城市孩子的通病，在幼儿园的小班，这样的现象更是明显。我想这不是性子急的问题，也不只是因为这个年龄段的孩子还控制不了自己的欲望，更主要的是经不住孩子哭闹的大人们给孩子惯出的毛病，尤其是老人带的孩子。家长对于孩子这种"有求必应"、"提前满足"、"超量满足"的行为，剥夺了孩子"自我控制能力"的锻炼机会，也让孩子越来越"等不及"。延迟满足不是因为我们给不了孩子想要的东西和想马上要做的事情，而是有意地拖延孩子得到的时间，帮孩子逐步地学会自我控制，学会等待，更能抗挫折。这就需要我们父母要有原则、讲技巧了。延迟满足就从生活小事做起，从一分钟做起，让孩子学会等待，满足自己的"需要"，而不是一味地"索求"。延迟满足是有技巧的，比如时间的把握、理由的"充分"、满足的条件、必要的鼓励、对孩子的了解以及情绪的把握、一家人要求一致等。毕竟对于这么大的孩子来说，让他们自觉地自我控制欲望是一件很有挑战的事。

在家里，因为不忍心看到孙女哭闹，爷爷奶奶经常泼我冷水："你干吗总惹孩子，你给她不就完了，大人总和小孩子过不去"，"别人的孩子都比宝宝幸福，要什么都有，又不是我们缺，女孩子要娇养，宝宝来爷爷给你买去。"我就只有等孩子不在的时候，和爷爷奶奶讨论"延迟满足"的好处。爷爷对大人动作稍慢就大呼小叫的宝宝很是无奈，常说："这孩子脾气急，遗传的。"有一次宝宝放学是爷爷接的，她不肯回家，让爷爷带她坐摇摇车（爸爸妈妈接的时候她从没有提起过想坐摇摇车，即便有时要坐，也是大家说好的，坐两次就自己下来了）。宝宝这回坐了六次还不肯回家，爷爷谎称没有钱了，没想到小家伙生气了，在超市门口就对爷爷大呼小叫，对着爷爷发脾气："你去回家取钱去！"这回爷爷真生气了，他没想到的是自己对宝宝"这么好"，居然换来这样的待遇。这次对爷爷是很大的"打击"，他终于明白了：一味的满足换来的是不珍惜，轻而易举得逞的孩子不但感受不到幸福，反而觉得是应该的。从那以后爷爷就开始和宝宝讲规矩了。

下面给大家分享一下我用过"延迟满足"的经验，有些是在自己女儿身上用过的，有些是在班级用过的。

1. 等一分钟

孩子刚学习等待时不要太长时间，否则他们很容易失去耐心，放弃等待的目标，这样以后就很难再让他们等待了。培养孩子的自我控制能力，要遵循小步走的原则，

只要孩子在等待的时间里不哭不闹，就是在自我控制了。另外成人要说话算话，答应了就一定要做到："宝宝等妈妈一分钟，就一分钟，我去拿一件衣服就带你下楼玩。"并直接给予鼓励："啊呀，宝宝会等妈妈了，真是长大了，妈妈好高兴哦。"在几次延迟满足后，就能摸索到孩子能等待多久、对哪些事能等待、哪些话能听进去，我们就可以逐渐延长等待的时间。

2. 等爸爸回来

在让孩子等待、延迟满足时，我们不能生硬地让孩子"等"，要给他一个合理的"借口"，既让孩子愿意等待，又能够学会关心、理解人，还要教孩子一些控制自己的小技巧。例如，宝宝看到生日蛋糕就想吃，妈妈可以说："今天是爸爸的生日，要等爸爸回来再吃，对吧？"孩子开始觉得有道理，时间一长又来要了，我们可以这样说："你一定着急了，我也是，你打个电话给爸爸吧，问他还要多久到家。"或者说："宝宝可以帮妈妈准备一下刀叉，也可以边玩玩具边等，就不会心急了。"

3. 等你上小学四年级

有时候孩子的要求让家长很为难，例如，我女儿从小就很喜欢小狗，她的愿望就是要养一只白色的小狗，连名字都取好了。我和她爸爸看到她那么"可怜"，真有些不忍心："妈妈，我们就养一只小狗吧，我会很爱它的，我会带它散步和洗澡，我吃的骨头都给它留着，我给它绑个绳子就不会丢了……"我们之前拿她养小鱼的经历教育她不可以，但随着她长大，她又有了更多的理由。我们认真考虑之后给了她一个答复："你现在还不能照顾自己，怎么可能照顾小狗呢？你首先把自己照顾好，然后在你读小学四年级学习了饲养宠物的知识后，你再来决定养不养小狗、养什么狗好吗？"女儿对"四年级"是什么并不明白，但是她理解到妈妈准许了，只是要等一段时间，而且要先学会照顾自己。对于接受过多次"延迟满足练习"的女儿来说，她虽然只有四岁，但越来越能讲清道理，变得懂事、会等待了。

4. 等三十分钟

幼儿园每天的午睡，孩子总是要一段时间才能安静下来，孩子们也很"狡猾"，会找各种借口走出睡眠室溜达一圈。"老师我要尿尿"，刚刚尿过的小浩一张嘴，好几个帮腔的也来了："老师我也要尿尿"。对于我关注到的孩子，我就会很有把握地说："老师看见你刚才尿过了"，可能因为紧张或习惯，孩子经常会坚持："我还想尿"。我就会说，"好的，不过你先等三十分钟，老师忙完了带你去。"很多时候不到三十分钟，孩子们就睡着了。还有，对于那些别人尿他也想去的孩子，我会用拖鞋数量来"拖延"，一则让孩子们安心地等待，可以早些进入睡眠状态，二则可以减少

洗手间的不安全因素。

5. 换一个商场看看

对于孩子在商场大哭大闹要买东西的情况，可能很多家长都遇到过，我也不例外。那是女儿两岁多的时候，得知我们要给她买一双新鞋，她高兴地连蹦带跳："我要去，我要红色的！我要靴子！"可是在商场挑了半天没有试到合适的，当我宣布回家，明天再去其他商场看看时，女儿大哭起来："你说了要买鞋的，今天必须买！"大喊大叫、大哭大闹的女儿在柜台不肯走，服务员也赶快上来哄，不过被我拦住了。多亏我"训练有素"，不急不躁，我告诉她，"你不哭了，妈妈再和你说不买鞋的原因"，就在一旁笑着陪着她，而爸爸早躲到一边去了。这是孩子第一次在商场哭闹，我不能错过机会。女儿发泄了20多分钟后走过来："妈妈，为什么不买鞋呀？"我给她讲了理由："你是不是要红色的靴子，还要带蝴蝶结的？"她点点头，那你去问服务员阿姨，有你要的鞋子吗？""有"，小家伙还真不能低估，她看到了那双鞋，但是小童鞋的，服务员说没有她穿的那么大时，她无奈的表情没有持续1分钟，突然眼睛一亮："妈妈，我们明天再去别的地方买好吗？"我和孩子爸爸真是佩服她快速调整的表情和心情，也马上肯定地回答："是的，我们明天再去别的商场看看，不过如果那个商场也没有的话，就只能再去另外的商场了。""嗯，我知道了"这次回答得干净利落。回来的车上，女儿时不时地和我们确认一下："妈妈，我们明天再去买鞋是吗？"

在等待两天后，女儿得到了想要的鞋，她的高兴劲一点不亚于小时候我们一心想要的新棉布鞋到手的心情。她也"领教"了妈妈的原则，知道妈妈会说话算话。女儿长这么大，就这一次经历就把"耍赖"的毛病改过来了，而且之后她还学会了商量和有弹性地解决问题："妈妈，你几点回来呀，我都想你了，你一分钟就回来好吗"，"那好吧，你七点钟就回来好吗"。

6. 小熊醒来吧

每天放学是刚入园的小班孩子最期盼的，尤其是当爸爸妈妈的面孔出现在门口时，局面就很难"控制"了。出于安全的考虑，还有就是让孩子能够静心地等待，我结合故事设计了一些游戏，如"小熊醒来吧"。孩子们表演"小熊睡着了，谁也叫不醒，妈妈在耳边轻轻地说——小熊醒来吧，小熊才伸伸懒腰起床了"。孩子们都进入了情境，我来扮演"熊妈妈"，孩子们兴奋、紧张但都趴在桌子上等着我来一个一个地叫醒。我还设计了"敲门"、"说哑语"等游戏，孩子在等待妈妈来接时，不再着急出去找妈妈，而去关注游戏了。让全班的孩子等待，有情景、有游戏就一点也不难了。

7. 有损健康的要求绝不满足

我的原则是，不是孩子所有的要求都要满足，比如说索求更多的玩具、漂亮衣服，尤其是有损健康的要求。女儿非常希望有像白雪公主一样的银色高跟鞋，她说那是"公主高跟鞋"，当她看到周围的小伙伴都有了的时候，更是羡慕和心急。还有就是棒棒糖的诱惑。对于这类要求，我每次都给她解释不能要的理由，并坚持自己和朋友都不能买。为了帮助她理解"有损健康"，我买了关于骨骼生长、牙齿、有趣的身体等书籍，她现在完全能够控制自己吃糖的欲望："每天不超过两块糖"。她也不会再让我买高跟鞋了，只是偶尔会安慰一下自己："妈妈，等我长大了，就能买高跟鞋了吧？"

"延迟满足"能带给孩子比"即时满足"、"常量满足"、"提前满足"更多的益处，能积蓄更大的成长力量，它也是现在优厚的物质环境所缺失的。它其实不难做到，只要我们父母在生活中多关注，耐下性子去把握，孩子就逐渐可以做到自我控制、安心等待，也会更懂得珍惜了。